나는 아직 내가 낯설다

对于自己，你还是个陌生人 by 大将军郭

ISBN: 9787115607652
This is an authorized translation from the SIMPLIFIED CHINESE language edition entitled
《对于自己，你还是个陌生人》 published by Posts & Telecom Press Co., Ltd., through
Beijing United Glory Culture & Media Co., Ltd., arrangement with EntersKorea Co.,Ltd.

자신을 알아가고 사랑하기 위한 52가지 심리 여행

나는 아직 내가 낯설다

다장쥔궈 지음 | 박영란 옮김

파인북

머리 위 먹구름을 걷어내 햇살을 만끽하라

　예전에 나는 같은 꿈을 자주 꾸었다. 꿈속에서 나는 수천 명의 군대를 이끌며 수많은 적을 무찌르는 아주 용맹한 장군이었는데 그래서인지 꿈속의 내 모습을 동경했다. 멋진 갑옷과 무기로 무장하고 좋은 말에 올라 세상을 호령하며 승리의 깃발을 꽂는 모습을 떠올리니 이토록 짜릿할 수가 없었다. 그러나 이것은 결코 실현될 수 없다. 오랫동안 나는 이 꿈과 현실 사이에 존재하는 특별한 관계를 깨닫지 못했다.

　현실의 나는 아침 9시부터 저녁 6시까지 일하는 심리상담사다. 대학원부터 지금까지 14년 동안 수많은 사례를 접하며 다양한 사람들을 만났고, 조용한 상담실에서 그들의 인생 이야기에 귀를 기울였다. 나는 정신 이상을 보이는 사람도 만났고, 깊은 슬픔에 빠져 헤어 나오지 못하는 사람도 만났다. 내가 할 수 있는 일은 그들의 머리 위에 드리워진 먹구름을 걷어내고 다시 맑은 하늘을 볼 수 있도록 돕는 것이었다.

가끔 나를 찾아오는 사람들을 떠올려 보면 그들이 가장 많이 하는 질문 두 가지가 머릿속에 떠오른다. "내가 왜 이럴까요?'와 "나는 어떻게 해야 할까요?"이다. 그들 중 어떤 이들은 연애로 힘든 시간을 보내며, 스스로는 깨어 있고 이성적이라고 생각하지만, 종종 사랑할 가치가 없는 사람에게 복종하는 시간을 보내기도 한다. 또 이미 30대에 접어들어 더는 상처받지 않을 것이라 생각하지만 어린 시절의 상처가 떠오를 때마다 여전히 울음을 터트린다. 또 여러 도시를 돌아다니며 다양한 종류의 일을 하면서도 여전히 자신이 진정으로 원하는 것이 무엇인지 모른 채 부질없는 시도를 계속하는 사람들도 있다.

'이건 제가 생각했던 모습이 아니에요. 대체 어쩌다가 이렇게 된 걸까요? 제가 되고 싶은 사람이 되려면 어떻게 해야 하나요?'

그들과 함께 과거의 사건과 현재의 경험을 하나하나 정리해 나갈 때 나는 이러한 질문 뒤에 있는 문제점들이 무엇인지 이해할 수 있었다. 세월의 연륜이 얼마나 많은 자국을 남겼든 자신에 대한 이해가 외면에서 내면까지 깊이 닿아 있지 않거나, 혹은 일부 겉모습에 현혹되어 지금까지 진정한 자아를 보지 못한 것이다.

우리 자신도 알지 못하는데, 우리의 모든 노력이 올바른 방향으로 가고 있는지 어떻게 확신할 수 있을까? 자기 자신도 제대로 보지 못하는데, 어떻게 세상과 타인을 바르게 볼 수 있을까?

이 느낌은 마치 어느 날 갑자기 거울 앞에서 낯선 얼굴을 마주했는데, 다름 아닌 바로 자신이었음을 깨닫는 것과 비슷하다. 이런 놀라움과 의문이 반드시 생기는 것은 아니다. 어쩌면 우리는 자신에 대해 더 완벽하게 이해할 수 있었고 이보다 더 평온하고 아름다운 인생을 살 수 있었다. 그렇다고 해서 지금이 늦은 것은 아니다. 나무를 심기에 가장 좋은 시기가 있는데, 하나는 10년 전이고, 다른 하나는 바로 지금이다. 나를 알고 나에게 익숙해지는 것은 이제부터 시작이다!

우리가 자신의 약점과 단점을 일찍 발견할 수 있다면 불리한 환경에 자신을 노출해 아등바등하지 않았을 것이고, 자신의 강점과 장점을 일찍 알았다면 열등감에 파묻혀 발버둥 치지 않았을지도 모른다. 그리고 무엇보다 우리가 곤경에 처해서 갈피를 잡지 못할 때 시간을 낭비하거나 에너지를 소모하지 않고도 자신에게 맞는 좋은 선택을 할 수 있어야 한다.

우리는 생소하고 낯선 도시를 알아가는 데 많은 시간을 들이고 처음 보는 사람과 가까워지기 위해 많은 에너지를 소비한다. 이제 진짜 자신과 친해지고 가까워지기 위해 시간을 투자해 보는 것은 어떨까?

앞에서 말한 꿈을 다시 생각해 보니, 문득 꿈이 되풀이되는 이유를 알았다. 그 시대로 돌아가서 싸울 수는 없지만 나는 여전히 군대를 거느린 장군이 될 수 있다.

지금 이 시대의 내 무기는 펜이고, 군마는 내 글이다. 그리고 내가 지키고 싶은 것은 삶에 지친 사람들이며, 내가 없애야 할 것은 그들의 마음속에 자리한 자신에게 느끼는 '낯섦'이다. 자신을 정복하는 것이 도시를 정복하는 것보다 훨씬 더 의미 있고, 영토를 확장하는 것은 더 이상 허황된 자아에 속지 않고 자신을 위해 더 넓은 인생의 길을 개척하는 것을 의미한다. 진정한 마음의 여정을 언어로 바꾸는 것이 상담실 밖에서 내가 할 수 있는 최선의 일이다.

　내 글이 누군가를 보호하는 갑옷이 되기를, 삶의 장벽을 허무는 무기가 되기를 바란다.

　생각해 보면 세상에서 자신을 아는 것보다 더 중요한 일은 없다.

　자유로운 자아만이 마음의 주름을 펴고 인생의 골짜기를 넘을 수 있다.

저자 다장친쥐

PART 1

가짜 자아의 게임에
깊이 빠지다

1장

피난 여름

비위 맞추기

누구에게나 두루두루 잘하면서
자신에게는 각박한 당신

얼마 전 친구 A가 작업실을 열었는데, 회사 웹 사이트에 문제가 생겼다. 마침 나의 또 다른 친구 B가 이와 관련된 일을 하고 있어서 도움을 주기로 했다. 베이징시 서쪽에 사는 B는 주말마다 왕복 40km 떨어진 A의 작업실에 오가느라 한동안 제대로 쉬지 못했다.

사실 두 사람은 서로 그렇게 친한 사이는 아니었다. 과거 어느 모임에서 만나 인사를 나눈 게 전부였다. 그 한 번의 짧은 인연이었지만 A가 도움을 요청하니 B는 차마 거절하지 못해 어쩔 수 없이 무리한 선택을 할 수밖에 없었다.

눈치챘겠지만 내 친구 B는 '예스맨'이다. 주중에는 아침 9시부터 밤 9시까지 밤낮으로 일하고, 주말이 되면 휴식은커녕 피곤한 몸을 이끌고 다른 사람을 위해 분주하게 뛰어다닌다. 워낙 마음 씀씀이가 좋고 따뜻한 사람이라 모두가 약속이라도 한 듯 무슨 일만 생기면 그에게 도움을 청했다. 그건 그의 남다른 능력 때문이 아니었다. 사람들은 B가 워낙 거절을 못 하는 데다가, 자신이 손해를 보더라도 도와줄 거라는 사실을 알고 있기 때문이다.

그의 얘기를 하다 보니 먼 친척이 떠올랐다. 그녀는 당시 남자 친구가 광저우에 살고 싶지 않다고 하자 매우 유망했던 외국 기업을 퇴사하고 남자 친구와 함께 고향으로 돌아왔다. 그리고 공무원 시험에 합격해 그와 결혼을 했다. 그녀에게는 가족을 돌보고 직장을 다니는 것 외에도 소위 '공익'을 위한 일도 산더미였다. 어려서부터 공부를 잘했던 그녀는 다른 사람을 도와주는 일도 좋아했기 때문에 친척이나 친구, 상사나 동료의 자녀에게 과외가 필요하면 언제나 도움을 주곤 했다. 또 재테크 관련 지식이 조금 있다는 이유로 어느새 그녀는 온 가족의 재무 컨설턴트가 되었다.

몇 년을 못 본 사이에 그녀는 많이 늙어 있었다. 조금이라도 여유 시간이 생기면 다른 사람을 돕느라 바빠서 지금까지 그녀의 인생에는 자기만의 시간과 공간은 허락되지 않았다. 나는 그녀에게 그렇게 사는 게 행복하냐고 물었다.

"너무 피곤하죠. 처음에 느꼈던 소소한 즐거움은 이미 사라져버린 지 오래예요. 이제는 모든 부담을 다 떨쳐버리고 여유로운 시간을 보내고 싶어요. 그런데 여유를 내서 다른 일을 하려고 해도, 시간과 에너지를 모두 다른 사람을 돕는 데 써버려서 제 남은 인생을 어떻게 보내야 할지 전혀 모르겠어요."

우리 주변에도 이런 유형의 사람들이 적지 않다. 아니 주변을 돌아볼 것도 없이 어쩌면 당신도 다른 사람을 챙기느라 자신을 돌볼여유가 없는 사람일 수도 있다. 다른 사람을 위해 사는 사람들을 보면 그들의 고상한 품격에는 감탄할 정도로 사심이 없다. 상대방의 부탁이 끝나기도 전에 자신이 충분히 감당할 수 있는 일이든, 엄청난 노력이 필요한 일이든 간에 모두 단번에 'Yes'라고 대답한다. 그들은 자신은 정작 빠듯하게 살면서도 친구에게 아낌없이 돈을 빌려주고, 이미 업무가 넘쳐 허우적대면서도 시간을 쪼개서 동료의 문제까지 해결해 준다. 또 자신을 위해 옷 한 벌 사는 것도 아까워하지만 사랑하는 사람에게 선물을 할 때는 큰돈도 기꺼이 쓴다. 그들은 다른 사람의 필요를 채워주면서도 자신의 욕망을 덮어두고 모른척 방치한다.

불안을 감추기 위한 가짜 마스크, 극단적인 이타성

우리 주변엔 분명 선행 베풀기를 좋아하는 사람들이 존재한다. 그들은 다른 사람을 돕는 데서 인생의 의미를 찾으며 그 과정에서 충분한 성취감과 존재 가치를 경험한다. 이러한 행동을 하는 동기는 다양하지만 한 가지 공통된 것은 그들은 이로 인해 행복을 느낀다는 것이다.

반면 마치 겉보기에는 다른 사람을 위해 살아가는 것이 행복해 보이지만 또 다른 유형의 사람들도 있다. 이들은 실제로 다른 사람의 행복을 위해 끊임없이 희생하지만 그 희생이 즐겁지가 않다. 자신의 상황이 여의치 않기에 부탁을 거절하려고 하지만 결국 "No"를 내뱉지 못한다.

미국의 심리학자 해리엇 브레이커 박사는 이런 사람을 가리켜 '인정 중독'에 빠진 사람 또는 '남을 기쁘게 해주는 병 The disease to please'에 걸린 사람이라고 했다. 다른 사람에게 너무 친절하고 이타적인 성격은 일종의 이상異常 상태이며, 극단적인 이타심은 일련의 심리적, 정서적 문제를 감추기 위한 성격적 특징이다. 그들의 친절함과 온화함 뒤에는 고통과 고립, 공허, 죄책감, 수치심, 분노, 불안이 존재한다.

다른 사람을 기쁘게 하기 위해 모든 것을 쏟아붓는 사람은 어떤 이익을 얻기 위해 일부러 환심을 사고 비위를 맞추는 것이 아니다. 단지 거절과 적대감에 대한 본능적인 두려움과 불안감을 가지고 있는 것뿐이다. 아마도 그들은 어려서부터 다른 사람의 요구를 거절해 생길 수 있는 적대감을 방지하기 위한 방법을 배웠을지도 모른다. 친절이라는 가면을 쓰고 다른 사람을 위하고 정작 자신을 돌아보지 않는 이유는 사실 다른 사람에게 인정받기를 원하기 때문이다. 인정받는 것은 얼마나 명예롭고 영광스러운 일인가? 이는 당신이 다른 사람들이 보기에 빛나는 가치를 가지고 있다는 것을 의미한다.

그렇다. 모든 사람은 다른 사람이 주는 피드백을 통해 자신의 가치를 확인한다. 하지만 이런 가치는 우리의 자아정체성을 확립하기 위한 원천 중 아주 작은 일부일 뿐이다.

올바른 자아정체성은 먼저 긍정적인 자기 피드백을 기반으로 해야 한다. 자칫 다른 사람의 평가 위에 자아정체성을 세우면 모래 위에 세운 집처럼 견고하지 않아 아주 작은 바람에도 무너질 수 있다.

지나친 친절함이 해악이 되어 돌아온다

지나치게 남의 비위를 맞추는 사람은 자신의 가치를 인정받는 것 외에도 정서적 만족을 추구하기 위해 희생을 감행한다. 사랑과 따뜻함을 얻기 위해서는 다른 사람의 감정에 맞춰야 한다고 생각하는 것이다. 그들의 내면에는 '내가 살아남기 위해서는 다른 사람에게 사랑받아야 한다'라는 생각이 견고하게 자리 잡고 있다. 이러한 삶의 논리를 가지고 그들은 점차 다른 사람의 비위를 맞추는 전략을 만들어 간다.

미국의 작가이자 심리치료사인 버지니아 사티어^{Virginia Satir}의 이론에 따르면 의사소통 유형은 총 4가지로 분류된다.

회유형 자신의 내적 필요나 감정을 무시하고 다른 사람의 취향과 상황을 기준으로 삼아 다른 사람에게 맞춰줌으로써 자신을 보호한다.

초이성형 상황에 대한 이해가 매우 높고 강해서 상당히 객관적이고, 가끔은 비인간적으로 느껴지기도 한다. 때로는 모든 상처로부터 자신을 보호하기 위해 자신의 감정을 완전히 닫아버린다.

비난형 모든 문제를 상대방의 탓으로 돌리며 상처받지 않도록 보호한다.

일치형 생각과 느낌이 밖으로 표현되는 행동과 일치한다.

다양한 인간관계에서 우리는 상대방에 맞는 각각의 다른 전략을 취할 필요가 있다. 그러나 비위를 맞추는 사람은 대상이 누구든 한결같이 무릎을 꿇은 채 상대방을 올려다보는 자세로 관계를 맺는다. '남을 기쁘게 해주는 병'이 점점 심해지면 다른 사람의 요구에 적극적으로 반응할 뿐만 아니라 오히려 주도적으로 그들의 요구에 맞추려고 애쓴다. 이는 점차 그들의 '페르소나'가 되어 끊임없는 자기 암시와 타인의 피드백을 통해 자신의 '착하고, 남을 기꺼이 돕고 이타적인 사람'이라는 대외적인 이미지를 강화한다. 이러한 이미지는 종종 다른 사람에게 악용당하는 이유가 되기도 한다. 아마도 그들은 이 결과에 당황할지 모른다. 선량함이 인간관계의 윤활유가 될 것으로 기대했는데 지나친 선량함이 자신에게 해가 되어 돌아올 거라고는 생각해 보지 못한 것이다.

당신이 거절하지 않는 사람으로 다른 사람들에게 인식되면 사람들은 필요하든 필요하지 않든 습관적으로 당신을 찾고, 당신이 항상 다른 사람을 배려한다고 생각하기 때문에 그들은 항상 자기중심적으로 행동하고 당신의 감정을 대수롭지 않게 생각한다.

이런 경우 당신은 실망하거나 속았다고 느끼지만 희한하게도 기존의 방식에서 벗어나기를 꺼린다. 이미 당신은 다른 사람이 만족하지 못하고 행복하지 않은 것은 모두 자신의 부족함에서 비롯되었다는 생각에 사로잡혀 있기 때문이다. 결국 다른 사람의 착취는 오히려 당신이 가진 '남을 기쁘게 해주는 병'을 더욱 악화시켜 상대방에게 더 잘 보이고 비위를 맞추도록 노력하게 만든다.

당신은 선천적으로 상대방의 비위를 맞추거나 위선적인 사람이 아니다. 단지 거절할 용기가 없고 자신의 습관적인 행동을 포기할 의지가 없을 만큼 무력함을 느낄 뿐이다.

내가 앉은 자리의 여유부터 확인하라

자신만의 인생을 오롯이 챙기며 잘 살고 싶다면, 우선 상대를 위해 어떤 일을 도와야 하는지, 자신이 감당할 수 있는 범위는 어디까지인지 확실히 분별할 줄 알아야 한다. 당신이 도움을 준다고 해도 오히려 자신을 지치게 하거나, 마땅히 받아야 할 감사와 반응을 받지 못할 뿐만 아니라, 큰 희생까지 따른다면 이는 잘못된 친절이다.

그렇다면 어떤 기준으로 배려를 하면 좋을까? 여기 몇 가지 방법이 있다.

첫째, 상대방과의 '친밀도'를 고려하자

인간관계의 친밀도를 기준으로 친절을 베푸는 마지노선을 정하자. 즉, 상대방이 나에게 얼마나 중요한지에 따라 도움 여부를 결정하는 것이다. 친구라고 부를 수 있는 사람은 많지만, 그렇다고 해서 모두가 같은 친구는 아니며 서로의 심리적 거리도 다를 수 있다. 이런 맥락에서 '남을 기쁘게 해주는 병'을 가진 사람들이 초조함을 느끼는 이유를 살펴보면 주변인 모두를 중요한 사람으로 여겨 동등한 가치를 부여하기 때문이라는 것을 알 수 있다. 이 경우 그의 마음은 온갖 사람들과의 관계로 빽빽하게 둘러싸이게 된다. 바람이 통하지 않을 정도로 밀집된 심리적 거리는 당신으로 하여금 호흡곤란을 일으키게 할 수도 있다.

살다 보면 많은 사람이 나타났다가 사라진다. 많은 감정의 목적이 불투명해지고 방향도 모호해져서 우리가 실제로 간직할 수 있는 감정은 극히 드물다. 그러므로 친절과 사랑을 베풀기 전에 먼저 이 사람과 이 일이 나를 희생할 만큼 중요한지 자문해 보자.

둘째, 자신에게 '여유'가 있는지 확인하자

나는 우리가 매우 중요하게 여기는 사람에게 해줄 수 있는 최고의 말은 '네 옆에 내가 있잖아.'라고 생각한다. 그러나 '옆에 있다'는 것은 자신에게 '여유'가 있는 것을 전제로 한다. 자신의 자리가 어느 정도 비어있는지 전혀 고려하지 않는 것은 자신을 사랑하지 않는 것과 마찬가지인데, 어떻게 다른 사람을 사랑할 수 있겠는가?

자신의 에너지를 다 비워내면서까지 다른 사람을 돕는 것은 현실에선 그리 위대해 보이지 않는다.

셋째, 스스로 '한계'를 설정하고 거절하는 법을 배우자

이 일은 내가 정말 도울 수 없거나, 할 수 없다는 확신이 들 때, 또는 상대방을 도와줄 만한 합당한 이유나 가치가 없다고 판단될 때는 적대감 없이 단호하게 "죄송합니다. 도와드릴 수 없습니다."라고 말하자.

관계 안에서 심리적 성숙도를 판단하는 것은 그가 다른 사람에게 'No'라고 자유롭게 말할 수 있는지와 동시에 상대방의 'No'를 받아들일 수 있는지에 달려 있다. 'No'라고 말할 수 있고 상대방의 거절을 받아들일 수 있으려면 자신감과 용기가 필요하다. 심리학에서는 거절할 줄도 모르고 마음대로 요구하지도 않으면서 다른 사람에게 거절당할까 봐 두려워하는 심리 상태를 '거절 민감성rejection sensitivity' 이라고 한다.

거절은 부정적 개념과 관련이 있다. 실제로 자신의 부탁이나 요청을 거부당하거나 거부당했다고 느끼면 마치 자기 존재를 거부당한 것처럼 극심한 불안함과 불쾌감을 느끼는데, 바로 이런 생각을 다른 사람에게 투영하기 때문에 부탁에 대한 거절을 두려워한다. 자신이 악의 없고 이타적인 사람이기를 바라고, 다른 사람의 자존감을 건드리고 싶지 않기 때문에 거절하지 못하는 것이다.

'No'라고 말하는 것을 두려워하는 사람은 과거의 경험과 인간관계에서 '~하지 마'라는 규칙과 제약이 많았을 것이다. '~하지 마'라는 언어폭력 아래서 보이지 않는 힘으로 행동이 통제되면 '그렇게 하지 마', '넌 할 수 없어'라는 부정적인 상황에 끊임없이 노출되면서 머릿속에는 'No'와 관련된 정보로 가득 차게 된다. 그렇게 점차 'No'에 대한 높은 민감성을 형성하게 되는 것이다. 결국 거절이 주는 상처에 대한 원시적인 두려움이 싹트게 된다.

거절하지 않는다는 것은 상처를 피하고 줄일 수 있다는 의미가 아니다. 차마 거절하지 못해 어쩔 수 없이 부탁을 들어주면, 오히려 능력이 부족해 시간을 끌게 되고 그렇게 상대방의 일을 지연시켜 일을 그르칠 수 있다. 다른 사람의 도움 요청에 명확하게 답하지 않거나 시간을 끄는 행위야말로 가장 잔인한 거절이다. 그러므로 거절을 할 때는 그때그때 거절의 이유를 명확하게 밝히고 진심으로 사과하는 것이 상대방의 감정을 상하지 않게 부탁을 내치는 지혜로운 방법이다.

자기실현적 예언

당신이 걱정하는 일은
항상 쉽게 일어난다

- 내일 아침에 중요한 회의가 있어서 늦을까 봐 걱정했는데, 결국 정말 회의에 늦고 말았다.

- 사람들이 표를 사려고 두 줄로 서 있다. 인원수는 별로 차이가 나지 않는다. 당신은 늘 자신이 서 있는 줄이 느리다고 생각하는데, 이번에도 예상은 빗나가지 않았다. 옆줄에 당신보다 늦게 온 사람은 이미 표를 사고 돌아갔는데 당신은 여전히 줄을 서 있다.

- 당신은 항상 부모님과 갈등이 생기거나 다툴까 봐 걱정

했는데, 결국 걱정이 현실이 됐다. 걱정이 많을수록 다툼도 잦아졌다.

• 예전에 사귀던 사람이 양다리를 걸쳤는데, 그때의 두려움이 아직 남아 있다. 다시 연애를 시작하면 같은 일이 되풀이될까 봐 두려웠다. 그런데 정말 또 같은 이유로 헤어질 줄은 미처 몰랐다.

당신에게도 위와 같은 경험이 있는가? 비록 당신이 위와 똑같은 상황에 부딪힌 적은 없어도 이상하게 걱정하는 일일수록 더 쉽게 일어난다고 느낀 적은 분명히 있을 것이다. 이는 뭐라고 표현할 수 없지만 저주처럼 번번이 정확하게 들어맞아 당신을 더 깊은 걱정에 시달리게 한다. 그리고 그에 따른 나쁜 결과를 감수하게 만들어 더 깊은 상처를 입힌다. 당신은 나쁜 결과를 피하려고 큰 노력을 기울였지만 아무런 소용이 없었다. 어쩌면 이것이 숙명이고 피할 수 없는 저주라고 체념하고 있을지도 모른다.

사실 숙명이란 없다. 저주하는 사람은 바로 자기 자신이다. 당신은 무의식중에 자신이 걱정하는 일이 일어나도록 부추기고 있다. 여기서 말하는 무의식에는 '선택적 기억 효과'와 '자기실현적 예언', 두 가지 상황이 포함된다.

선택적 기억 효과
걱정하는 일만 기억할 수밖에 없는 뇌의 구조

앞에서 언급한 네 가지 사례로 돌아가면 처음 두 가지가 '선택적 기억 효과'를 가장 잘 보여주는 사례다. 걱정했던 일들이 실제로 일어났다. 걱정만 했을 뿐인데 당신의 기억은 당신을 속여서 그 일이 일어날 가능성이 더 높거나 심지어 반드시 일어날 것이라고 오해하게 한다. 그것은 뇌나 기억력에 문제가 있는 것이 아니라, 지극히 정상적이고 보편적인 현상이지만 이런 현상이 어떻게 일어나는지, 그 원리를 제대로 이해하지 못하면 당신의 삶에 어려움을 초래할 수도 있다.

우리의 뇌는 매일 방대한 양의 정보를 처리하지만 모든 정보가 기억 공간에 저장되는 것은 아니다. 기억에도 '선별 장치'가 있어서 이 과정을 거쳐 일부는 우리에게 잊히고, 다른 일부는 저장되어 우리에게 기억된다. 이 '선별 장치'는 어떤 정보를 제거하고 저장할지 임의로 선택하는 것이 아니라 자체 운영 체계를 가지고 있다. 이 운영 체계는 비교적 복잡하며 그중에서 몇 가지 아주 중요한 기준이 있다. 첫째는 정보 자체의 중요성, 둘째는 감정, 셋째는 인지적 처리다. <u>정보가 중요할수록, 감정이 강렬하거나 부정적일수록, 정보 처리가 정교하고 복잡할수록 기억하기 쉽다.</u>

회의는 당연히 중요하기 때문에 지각하면 자책감과 죄책감 등 부정적인 감정이 발생하고, 이런 감정으로 인해 하필이면 왜 이렇게 중요한 회의에 늦었는지 곱씹어보는 등 더욱 복잡한 생각을 하게 된다. 이 사건은 기억을 선별하는 운영 체계와 완벽하게 일치하므로 우리에게 깊은 인상을 남기기 쉽다.

이는 우리가 흔히 '사람은 항상 고통을 더 잘 기억한다'라고 말하는 것과 같은 이치다. 모든 사람이 좋은 기억을 잘 간직하고 싶어 하지만, 좌절과 실망, 죄책감과 같은 부정적인 감정의 경험은 우리의 인지 세계에서 반복적으로 처리될 것이다. 그러다 보면 고통은 자연스럽게 더 많은 흔적을 남긴다.

이런 흔적은 우리가 어떤 사건을 선택적으로 기억하도록 만들고, 당신이 걱정하는 일이 발생하지 않는 경우는 간과한다. 그러면 그 일은 더 이상 걱정거리가 아니므로, 당신의 기억 속에서 사라져버린다. 그래서 당신이 걱정하는 일이 실제로 일어날 때도 있고, 당신이 원하는 대로 일어나지 않을 때도 있지만 선택적 기억이 당신을 속이고 착각을 일으키는 것이다.

자기실현적 예언
존재하지 않음에도 존재를 느끼는 무서운 심리

두 번째 무의식, 즉 자기실현적 예언에 대해 살펴보자.

어딘지 모르게 이해하기 어렵고 숙명적인 느낌이 들지만 이를 이해하면 이른바 '숙명'이란 자신이 설정한 것임을 알게 될 것이다. 자기실현적 예언은 사람이 자기도 모르게 예언대로 행동하여 결국 예언이 실현되는 것을 말한다. 사실 이 예언은 당신이 가진 관점이나 견해다.

예를 들어 면접을 앞두고 준비를 해도 소용없으리라 생각한다면 면접에서 좋은 결과를 얻을 수 없다. 그렇다고 정말 준비가 소용이 없었던 것일까? 꼭 그렇지만은 않다. '면접에 실패할 것'이라는 부정적인 생각 때문에 준비는 했지만 실제 면접을 보면서도 결과에 대해 회의적인 태도로 일관하며 온전히 집중하지 않았을 것이다. 그러니 준비했던 모든 노력은 헛수고가 돼버리며 자신의 실력도 제대로 발휘해 보지 못하고 결국 실패하게 된다.

이 사례는 당신의 인지가 행동에 영향을 미치고, 행동이 나쁜 결과를 초래한다는 것을 보여준다. 결국 '이 일이 아무 소용 없다'라는 당신의 최초인지를 검증하는 과정에 불과하다.

그렇다면 당신의 인지는 어디에서 오는 것일까? 이것은 갑자기 무심코 나타나는 것이 아니라 개인의 '경험'과 '감정'에 깊은 영향을 받는다. 이런 자기실현적 예언의 주범은 바로 '걱정'이라는 감정적 상태다.

우리 마음에 걱정이 들어오면 안정감이 결여되고, 안정감이 없으면 모든 것을 경계하고 조심스러워져 그에 따라 다른 사람을 대하는 태도 역시 변한다. 이렇게 '걱정하는 대로 걱정거리가 생긴다'는 상황은 단순히 자신에게만 일어나지 않고 위에서 언급한 세 번째와 네 번째 사례처럼 다른 사람과 당신의 관계에도 영향을 미친다. 이것은 우리의 행동이 다른 사람이 우리를 대하는 태도와 행동에 영향을 미치기 때문이다.

연인의 양다리로 관계가 깨진 경험이 있는 사람은 새로운 관계에서도 같은 일이 반복될까 봐 걱정하고 두려워하고 경계하게 된다. 이러한 감정은 상대방을 향한 불신으로 작용해 다른 이성과 식사하거나 대화하는 등 지극히 평범해 보이는 일들도 그(그녀)에게는 위험한 신호로 여겨질 수 있다. 그러면 그(그녀)는 이 신호를 상대방에게 따져 물으며 해명을 요구하고 심지어 몰래 휴대전화를 확인할 수도 있다. 이와 같은 불신의 행위는 상대방이 신뢰받지 못한다고 느끼게 하므로 결국 상대는 자신의 행동에 변명을 하거나 추궁을 피하고자 사실을 숨기게 된다. 이렇게 오랫동안 억압되고 불쾌한 상태가 지속되면 상대방은 정서적 안정을 얻을 수 있는 새로운 상대를 찾으려고 할 것이다. 그러면 결국 그(그녀)가 우려한 대로 그들의 관계는 깨지게 된다.

자기실현적 예언은 우리가 스스로 설정한 덫에 지나지 않는 것 같고, 때로는 그러한 예언이 불필요하고 거짓인 경우도 있다. '흉터 실험'이라는 흥미로운 심리학 연구가 이를 증명한다. 이 실험은 참가자들의 얼굴에 가짜 흉터를 그려 못생긴 사람으로 변신시킨 후 특정 장소에서 낯선 사람들이 자신에게 어떤 반응을 보이는지 관찰하는 내용이다. 연구진은 참가자들이 흉터가 있는 자신의 모습을 확인하게 한 후 그들이 모르는 사이에 얼굴에 있는 가짜 흉터를 지워버렸다. 결과적으로 참가자들은 원래 자신의 모습으로 낯선 사람을 만난 것이다. 실험이 끝난 후 참가자들은 각자가 느낀 낯선 사람의 반응을 보고했는데, 하나같이 자신에 대해 혐오감을 드러내거나 호의적이지 않았으며 심지어 흉터만 쳐다보고 있었다고 생각했다.

실제로 참가자들이 얼굴에 흉터가 없었음에도 이러한 피드백을 한 이유는 자신이 흉터로 인해 못생겨졌다고 생각했기 때문이다.

이보다 무서운 것은 마음의 상처다. 이는 자기 자신과 타인을 의심하게 하며 삶에 소극적으로 저항하게 한다. 이 마음의 상처는 자기실현적 예언의 증거이다. 이 실험을 통해 우리는 자신이 생각하는 것이 존재하지 않을 수도 있음을 깨달아야 한다.

걱정의 원인을 찾아 그 일부터 해결하라

그러므로 '걱정하는 대로 걱정거리가 생긴다'는 명제는 거짓이다. 광활한 우주에서 바라보면 그것은 수천 가지 일 중 하나에 불과하다. 그 일이 일어나기까지는 결코 변할 수 없는 자연 확률이 존재하지만 세상엔 '절대, 반드시'란 것은 없다. 사실 인위적으로 조정하고 변경하는 것은 얼마든지 가능하지만 이는 결코 당신이 걱정할 일이 아니다. 지나친 걱정은 운명의 룰렛을 우리가 걱정하는 방향으로 빠르게 돌아가게 할 뿐이다.

우리가 할 수 있는 것은 일이 발전하는 데 영향을 미치는 내부 요인을 파악하고 적극적인 행동을 통해 나쁜 결과가 일어날 가능성을 줄이는 것이다. 회의에 지각할까 걱정되면 일찍 일어나고, 갈등과 다툼이 일어날까 걱정되면 솔직하게 소통하고, 연인이 바람을 피우고 있다는 의심이 들면 좀 더 지켜봤다가 관계를 정리하면 된다. 외부 요인은 우리가 좌지우지할 수 없지만, 그것을 받아들이고 좋은 태도로 임한다면 더 큰 상처는 받지 않을 것이다.

피해의식 버리기

온 세상이 당신의 적은 아니다

주변을 둘러보면 자신의 인간관계가 엉망인 이유를 다른 사람의 잘못으로 돌리거나 탓하는 사람들이 적지 않다. 사회는 이보다 더 지옥일 수 없고 자신을 제외한 모든 사람에게 심각한 문제가 있어서 인생의 걸림돌이 되는 것 같으며, 온 세상이 자신을 적대시하는 것처럼 느낀다.

오래 알고 지낸 친구가 있는데, 그의 단골 레퍼토리는 '능력은 있으나 때를 만나지 못한 자신'의 이야기였다. 직장 얘기를 할 때마다 치밀어 오르는 화를 주체하지 못했다. 상사가 사람 보는 눈이 없거나, 동기에게 뒤통수를 맞거나 어쨌든 최근 몇 년 동안 여기저기 직장을 옮겨 다녔지만 마음 맞는 곳이 하나도 없다는 것이다. 그는 항상 '내가 잘못하거나 이상한 게 아니라 주변 사람들이 날 자꾸 따돌리고 괴롭힌다'는 말을 입에 달고 다녔다.

또 다른 친구는 연애 경험이 아주 풍부하다. 그렇지만 그만큼 이별의 경험도 많다. 그녀는 전 연인과 헤어지고 나면 언제나 그가 배려심이 없고, 의욕도 없고, 통제욕이 강했다는 등의 험담을 즐기며 헤어짐의 원인을 상대방에게 넘겼다. 그러고는 '내가 이런 남자를 만나느라 시간을 낭비하지 않았더라면 지금은 결혼해서 아이까지 낳고 잘 살고 있을 텐데.'라는 말을 덧붙이곤 했다.

영화 《바람이 불어오길 기다려 Up in the wind》의 주인공 푸드 칼럼니스트 청위엉은 이탈리아 음식 취재를 위해 몇 개월간 열심히 준비하던 중 갑자기 깐깐한 편집장으로부터 네팔로 '유배'를 가서 '나는 행복하다'라는 주제의 기사를 써오라는 지시를 받는다. 부당한 직장 생활에 지칠 대로 지친 그녀는 실의에 차서 네팔행 비행기에 오른다. 그런데 패키지여행에 함께하는 사람들의 기이한 행동으로 그마저도 방해를 받았고, 그녀는 내내 천덕꾸러기 취급을 받게 된다. 만약 사회가 공평하고 아무 상관 없는 사람이 개입하지 않았더라면 그녀도 굳이 이곳까지 오지 않았을 것이다. 아이러니하게도 여행자중 한 명의 노골적이고 분노에 찬 직언으로 인해 상황이 엉망이 되고 사람 속은 도무지 헤아릴 수 없다며 새카매진 마음을 달래다 결국 문제의 근원은 자신에게 있음을 깨닫게 된다.

우연인지 그녀의 이름이 갖는 의미와 지금의 상황이 딱 맞아떨어졌다. 그녀가 필명^{筆名}으로 사용하는 '위멍'은 《산해경》에 나오는 인간형 괴물로 날개를 가지고 있지만 멀리 날지 못했다. 하지만 바람을 탓하거나 산세를 탓하지 않았다. 그저 자신의 짧은 날개를 탓할 뿐이었다.

살다 보면 이런 상황은 비일비재하게 나타난다. 그리고 이런 심리 상태는 그야말로 세상에서 가장 흔히 발생하고 완치하기 어려운 만성질환 중 하나이다. 일반적으로 이런 심리 상태를 가진 사람들은 피해자나 약자, 이와 유사한 고통받는 역할을 연기하는 것을 좋아하고, 극에 너무 몰입한 나머지 다음과 같은 터무니 없는 논리에 빠지기 쉽다.

- 임금이 낮은 이유는 이 업계의 임금 수준이 낮기 때문이다.
- 나는 승진을 못 했는데, 동기가 승진한 걸 보니 아무래도 회사 내 연줄이 있는 것 같다.
- 연애만 하면 항상 싸우는데, 그건 남자 친구가 못난 탓이다.

틀림없이 이들은 지금 몹시 비참할 것이다. 그들이 원하는 삶을 살지 못한다는 것을 알지만 그렇다고 모든 문제를 다른 사람에게 떠넘기고 자신과 아무 상관없는 것처럼 행동하는 것으로 문제를 해결할 수 있을까? 가장 중요한 당사자로서 정말 온전히 벗어날 수 있을까?

피해의식, 책임지고 싶지 않은 마음

나쁜 일이 발생한 것이 내 잘못이 아니라고 생각한다면 이를 책임질 필요는 없다. 하지만 마땅히 책임질 일에 대해서도 회피하는 사람이 된다면 나는 항상 피해자로 남게 되고, 이 사실에서 결코 자유로워지지 못할 것이다. 피해의식을 가지면 점점 마음속으로 자신이 당한 부당한 일들을 확대해석해서 자신을 진짜 피해자로 만들고 매일 불평 속에서 살아가게 된다. 이런 비이성적이고 건강하지 않은 심리 상태가 나타나는 이유는 문제의 초반에는 일시적이나마 자신을 보호할 수 있기 때문인데, 이러한 보호는 심리적 방어기제 중 하나다.

'심리적 방어기제'는 실패나 위급한 상황에 놓였을 때 의식적으로나 무의식적으로 일단 그 상황을 거부하여 내면의 불안을 해소함으로써 심리적 균형과 안정을 회복하는 성향을 말한다.

어떤 문제가 발생했을 때 다른 사람에게 책임을 돌리면 죄책감도 어느 정도 줄일 수 있고, 무력감으로 인한 열등감도 줄일 수 있다. 다른 사람의 장점을 인정하거나 자신을 개선할 기회를 찾을 필요 없이 그저 가만히 서서 화만 내면 되므로 '가성비' 좋은 방법이다. 모두 다른 사람의 잘못이고 우리는 단지 '학대'를 당한 것뿐이라고 생각하면 우리가 직면한 모든 부당한 문제를 단번에 해결할 수 있을 것 같지만, 그렇다면 우리는 '자기 학대'를 즐기는 사람에 불과할 뿐이다.

이는 심리적 방어기제의 남용으로 인해 반드시 일어나는 악성 결과인 '철회withdrawal'다. 어려움에 직면했을 때 적극적이고 능동적으로 문제를 해결하는 대신 심리적 철회를 선택하는데 이에 대한 유일한 대응 방법은 그저 '하늘을 원망하고 남을 탓하는 것'뿐이다.

예를 들어 부당한 대우를 받았을 때 100점만큼의 상처를 받는다면, 당시 심리 상태에 따라 동일한 상황이나 상처가 확대해석되면서 최종적으로 체감하는 상처는 1,000점 이상이 될 수도 있다. 어떤 심리적 트라우마든 피해자의 '협조'가 있어야만 가능하기 때문이다. 마치 현미경으로 자신의 상처만 들여다보느라 다른 것을 보지 못하는 것처럼 앞으로 나아가지 못하고 자신을 피해자라고 인식하면서 상처를 더 곪게 만든다. 그리고 이런 사고는 끊임없이 자기 연민에 빠지게 한다. 존 가드너John W. Gardner는 "자기 연민이란, 그 어떤 약보다 사람을 쉽게 망가뜨리는 마약이다. 쉽게 중독되고 찰나의 쾌락을 주며, 그 덫에 걸린 사람은 현실을 바로 보지 못한다."라고 우려했다.

자기 연민에 빠지면 온 세상이 자신과 대립하고 교착 상태에 빠졌다고 느낀다. 누구든지 행동하지 않으면 우울증과 자기 연민의 두려움에 사로잡혀 길을 잃고 만다. 이것이 바로 당신이 자신에게 설정한 악성 심리 게임이다. '자신의 상처'는 '다른 사람의 잘못'이고 자연스럽게 자신은 '피해자'가 된다. 그리고 '자기 연민'에 빠져서 '상처에 수동적인 자세'를 취하며 결국 '아무런 행동을 취하지 않는다.'

제자리 걸음을 원한다면 피해의식에 도움을 요청하라

물론 당신이 행동하지 않으려는 것도 어느 정도 이해가 된다. 피해의식이 당신에게 많은 도움을 줬기 때문이다. 어떤 점일까?

1. 타인의 도움을 받을 수 있다

다른 사람들이 항상 당신에게 관심을 두고 돕고 싶어 하며, 당신이 약하고 불쌍하다고 생각하기 때문에 그들이 늘 당신에게 잘해준다고 느낄 것이다. 그러나 이런 도움은 오래가지 못하고 결국 그들도 지치고 만다. 말 그대로 그 순간 급한 불만 끄는 것에 불과하다.

2. 위험에 직면하지 않아도 된다

피해자가 되고 싶을 때 아무것도 하지 않으면 거절과 실패를 마주하지 않아도 된다. 어쨌든 자신의 실패를 인정하면 더 슬퍼지고 어떤 행동을 취하면 새로운 위험과 어려움에 직면할 수밖에 없기 때문이다.

3. 책임질 필요가 없다

자기 삶을 책임지는 것은 매우 힘든 일이다. 때로는 너무 버거워서 짐을 내려놓고 싶은 마음이 들기도 한다. 다른 사람에게 책임을 전가하면 훨씬 수월해질 뿐만 아니라 굳이 자기 잘못을 고통스럽게 책임질 필요가 없다.

4. 기분이 좋아진다

모든 것이 다른 사람의 잘못이고 자신만 옳다고 느끼면 마치 다른 사람은 다 취하고 혼자만 말짱한 것처럼 기분이 좋아진다. 그러나 안타깝게도 이 모든 것은 아주 찰나에 사라지고 만다. 피해의식이 오래 지속되면 자신의 문제를 반성하기가 점점 더 어려워질 것이다. 다른 사람을 원망하고 삶을 불평하는 일이 점점 쉬워지고, 어떤 관계도 유지하고 관리할 필요가 없고 그저 상대방이 바뀌기만을 기다리기 때문에 모든 인간관계도 잠식당하고 말 것이다.

세상의 불공평을 인정해야 날아오를 수 있다

아직 의욕이 조금이라도 남아 있다면 지금부터 자신의 삶을 책임지기 바란다. 승진에 실패한 원인이 단지 열악한 업무 환경과 속물 같은 상사 때문이었을까? 속셈이 있어 보이는 그 동료가 정말로 당신에겐 없는 능력을 갖추고 있는가? 여자 친구가 당신을 떠난 이유는 경제적인 이유일까? 아니면 당신의 소극적인 인생관에 실망했기 때문일까?

당신의 인생에 이러한 질문들을 던지거나 고민해 보지 않는다면 다른 사람이 아무리 말해도 소용이 없을 것이다. 수년에 걸쳐 길러진 피해의식이 익숙하고 친숙하게 느껴지는 건 충분히 이해하지만,

돌이켜보면 그것이 당신에게 무엇을 가져다주었는가? 앞으로 나아가려는 당신의 발목을 계속 잡을 뿐만 아니라, 더 깊은 자기 연민에 빠지게 만들어 매일 밤 모든 일을 반추하고 왜 항상 나만 상처를 받는지 가슴을 치며 물을 것이다.

다시는 이 문제에 몰입되어 자신을 무너뜨리지 말자. 대신 '내가 이 문제를 해결하기 위해 무엇을 할 수 있을까? 누가 나를 도와줄 수 있을까? 이 문제를 해결하는 데 도움이 되는 정보를 어디서 얻을 수 있을까?'라고 자문하는 게 백번 낫다. 더 건설적이고 생산적인 생각을 하면 피해의식에 갇히지 않고 문제를 해결하는 방향으로 노력할 수 있다. 어쩌면 당신도 피해자에서 구원자로 변신해서 자신의 삶을 구할 수 있을 것이다.

물론 나도 세상이 언제나 공정하고 정의롭다고 생각하지 않는다. 빌 게이츠^{Bill Gates}가 젊은이들에게 주는 10가지 조언 중 첫 번째는 'Life is not fair, get used to it.', '인생은 결코 공평하지 않다. 이 사실에 익숙해져라.'이다. 이 사실을 받아들이는 방식은 부정적이든 긍정적이든 그 선택은 온전히 자신의 손에 달려 있다.

좌절에 대한 민감함

◆

**패배를 인정할지언정
행동하지 않는다**

휴가 때 친구들을 만났다. 다들 처한 상황은 다르지만 같은 불안감을 느끼고 있었다. 그들 중 두 사람은 이미 1년 동안 좀처럼 해결되지 않는 문제로 씨름 중이었다.

친구 A는 같은 회사에 다니는 동료를 좋아하게 됐다. 한두 번 연락을 주고받다 보니 '삼관三观(인생관, 가치관, 세계관)'도 일치하고 서로 성격도 잘 맞는 것 같아서 여러 번 그녀와 식사 약속을 잡으려고 했으나 그때마다 혼자서 고민만 하다가 포기하고 말았다. 둘 다 싱글이련 소금 더 적극적으로 다가가도 될 텐데 친구 A는 걱정이 많았다. 그럴 필요까지는 없는데, 굳이 이러는 걸 보면 원인은 한 가지밖에 없다. 바로 그의 비겁함 때문이다.

　친구 B는 넉넉한 집안 형편에 안정된 직장까지 가져 남부럽지 않게 살고 있다. 하지만 창업하고 싶어서 1년 내내 고민을 거듭하다가 아직도 결정을 내리지 못했다. 사실 그녀는 실패를 걱정할 필요가 없고, 사업이 잘 안되더라도 다시 회사로 돌아가면 그만이었다. 그것도 안 되면 그동안 저축한 돈으로 몇 년은 지낼 수 있었다. 그녀는 이게 다 결정장애가 있어서 그렇다고 하지만 결정장애는 그저 보이는 모습일 뿐 그녀의 진짜 문제는 앞의 친구 A와 별반 다를 바 없다. 이것 역시 비겁함 때문이다.

　'비겁하다'의 사전적 의미는 비열하고 겁이 많다는 것이다. 친구 A, B 둘 다 실패에 대한 두려움으로 겁을 내고 있는 상황이다.

　그 누구도 비겁한 사람이 되고 싶지 않고 그런 평가를 듣는 것도 싫어하지만 사실 대부분의 사람은 불안과 두려움에 수없이 시달리면서도 끝까지 참으면서 아무런 선택도 행동도 하지 않는다. 이게 비겁한 것이 아니면 무엇이겠는가.

　다만 때로는 이런 비겁함이 신중한 것으로 미화되기도 한다. 이직하고 싶어 하면서도 이력서조차 내지 않은 사람이 있고, 원하는 프로젝트를 어렵게 따놓고도 시작을 꺼리는 사람도 있다. 불면증과 고민, 초조함이 몰려오면 그들은 하나같이 같은 말을 한다.

'잘못하거나 실패하면 어떡하지?'

원하는 것을 앞에 두고 비겁함이 생기는 이유

비겁함은 많은 사람의 불안과 고민의 근본적인 원인이다. 그들은 실수와 실패를 너무 두려워하여 선택과 행동을 주저한다.

친구 A는 상대방을 그다지 좋아하지 않는 것이 아니라 단지 구애에 실패할까 봐 두려운 것이다. 친구 B는 창업에 대한 열망이 있는 것은 사실이지만 꿈이 깨질까 봐 두려운 것이다. 그들은 '실패한 사람'으로 낙인찍히기보다 차라리 '행동하지 않았기 때문에 성공하지 못한 사람'이 되는 게 낫다고 생각할 정도로 실수와 실패에 매우 민감하다.

또 다른 말로 '완벽주의의 함정'이라고도 표현할 수 있다. 그들은 이른바 완벽주의자여서 왜 행동하지 않느냐고 물으면 늘 '모든 요인을 꼼꼼히 따져보고 신중히 판단한 뒤 선택해야 한다'고 말하지만 사실 이는 실패를 미루기 위한 임시방편일 뿐이다. 그들은 완벽한 선택을 해야 실패하지 않을 거라고 믿는다. 물론 실패하지 않는 삶이 행복해 보일 수 있다. 그러나 진실은 그렇지 않다. 완벽한 선택을 하고 최대한 모든 실패를 피하려는 사람들이야말로 불행한 삶을 살아간다.

어떤 사회심리학자는 연구를 통해 '많은 시간과 노력을 들여서 자신이 가장 잘하는 것을 하는 것이 최고의 선택이라고 생각하는 사람은 객관적으로 가장 좋은 선택을 했을지 몰라도 주관적으로 봤을 때 선택에 대한 만족도가 낮으며 심지어 후회와 우울한 감정을 느낀다'고 주장했다. 그리고 반대로 '대충' 선택한 사람은 최고의 선택은 아닐지라도 만족도와 행복감은 훨씬 높다고 말했다.

그 이유는 이렇다. 후회하지 않는 선택을 추구하는 과정에서 과도한 시간과 에너지를 투자하게 되는데, 이는 선택에 대한 인지적 부담으로 작용해 커다란 손실로 돌아온다. 가장 좋은 방법을 선택한 것처럼 보이지만 실제로 이런 인지적 부담이 이미 모든 선택의 과정을 매우 불편하게 만들어 버렸는데 무슨 즐거움과 행복을 느끼겠는가? 예를 들어 좋아하는 사람에게 데이트 신청을 할까 말까 고민하느라 1년이란 시간을 보내면서 많은 불안함을 느끼다가 마침내 발걸음을 내디디며 결국 고백에 성공했다고 치자. 그렇다고 초반의 모든 노력에 대한 허무함과 불안함이 완전히 사라지는 것은 아니다. 그 모든 감정과 경험은 연애 과정에 겹쳐져, 이제 막 연애를 시작했음에도 불구하고 이미 관계에 피곤함을 느끼는 등 부정적인 감정이 많아져 결국 그 관계는 아름다운 결실을 보지 못하고 끝날 수 있다. 오히려 빠르게 결정하고 담대하게 앞으로 나아갈 수 있는 사람은 충만한 열정과 에너지로 선택과 행동에 좀 더 집중할 수 있고, 관계도 더 즐겁고 행복하다고 느낄 것이다.

완벽하지 않아도 괜찮다, 아니 오히려 더 괜찮다

충동은 매우 위험하지만 실수와 실패에 대한 지나친 두려움은 이보다 더 위험하다. 왜냐하면 그것은 우리의 마음을 갉아먹고 어떤 선택을 해도 행복과는 거리가 먼 것처럼 보이게 하기 때문이다.

실패가 정말 그렇게 두려운가? 실수를 두려워하는 '겁쟁이'는 실패의 심각성을 지나치게 확대해석하는 경향이 있는데, 재미있게도 실패는 그 사람의 호감도를 상승시키고 인간성을 부각시키는 면이 있다.

인간관계에서 높은 평가를 받거나 많은 관심을 받는 사람은 주로 '실패자'였다. 이와 관련된 아주 유명한 사회심리학 실험이 있다. 실험 참가자들을 두 그룹으로 나누고 각 그룹의 구성원에게 인물에 대한 소개가 담긴 사진을 주었다. 실제로 두 그룹의 구성원들이 받은 사진은 동일하고 인물 소개만 달랐다.

첫 번째 그룹은 성공한 인물들을 소개받았다. 그들 중에는 모두가 알만한 기업의 대표와 뛰어난 예술적 재능을 가진 아티스트, 자녀를 키우며 행복한 가정을 꾸리는 주부가 있었고, 그들은 거의 완벽에 가까운 인생을 살고 있었다. 두 번째 그룹은 평범한 인물들을 소개받았다. 홀로 자녀를 키우고 있는 미혼모와 창업에 수없이 실패한 중년 남성, 그리고 대학원 시험에 다섯 번이나 떨어진 사람도 있었다. 이들은 하나같이 수많은 좌절과 실수를 경험한 사람들이었다.

최종적으로 그룹 구성원들에게 이들에게 점수를 매기도록 했는데, 성공한 사람들에게 준 평균 점수는 평범한 사람들보다 낮았으며 그룹 구성원들은 일반적으로 실패한 경험이 있고 완벽하지 않은 사람들을 더 높이 평가했다. 바로 이런 이유에서다.

- 미혼모로 혼자 자녀를 키우는 일은 정말 대단한 일이다. 결혼 생활은 완벽하지 않았지만 그래도 열심히 살아가고 있다.
- 대학원 시험에 5번이나 실패했는데도 또다시 도전한다는 것은 정말 엄청난 용기다.

화려하게 성공한 사람들에 비해 실패와 좌절을 경험한 평범한 사람들은 더 진실되고 생동감 넘쳐 보이며, 또 그 실패가 오히려 그들을 더 매력적이고 감동적인 인생의 주인공으로 만든다.

비록 실험의 결과가 명확하게 내려지지 않았지만 첫 번째 그룹이 가진 완벽함은 실제로 존재하지 않았으며 누구의 인생도 순풍에 돛 단 듯이 항상 꽃길만 걸을 수 없다는 사실은 이해할 수 있다. 실패는 원래 평범 그 자체다. 각자 인생의 다양한 모습이자 쉽게 얻을 수 없는 경험이다. 누가 이를 또 하나의 수확이 될 수 없다고 말할 수 있을까?

실수를 목표로 삼으면 달라지는 것들

실패를 두려워하고 예민하게 받아들이는 것은 당신 혼자만의 책임은 아니다. 사회적인 환경이 정확함과 완벽함을 조장하기 때문이다. 어렸을 때 시험에서 99점을 받았는데도 선생님과 부모님이 몹시 아쉬워하던 모습이 떠오르는 사람이 있을 것이다. 그들은 잘했다는 축하와 격려보다는 감점된 '1점'의 이유를 물어보기 급급했다. 프로젝트를 성공적으로 마친 후에도 회사 대표는 결과를 치하하기보다는 왜 더 많은 성과를 내지 못했는지에 집중한다. 연애도 마찬가지다. 지금까지 99번의 친절과 다정함으로 완벽한 남자 친구였더라도 딱 1번 제때 답장하지 못한 것으로 상대방은 끊임없이 이유를 물어본다.

부모나 상사, 연인이 당신에게 던지는 질문들은 실제로 답을 찾기 위한 것이 아니라 당신이 완벽하지 않은 것을 단순히 비난하는 행위에 불과하다. 이처럼 지나치게 엄격한 요구와 비현실적인 기대로 인해 모든 '겁쟁이'는 진취적인 노력을 하지 못하고 실패를 재앙으로 간주하여 가혹한 책임을 합리적인 기준으로 삼는다. 다른 사람들이 당신에게 이런 질문을 할 때 당신이 더 나아지기를 바라는 것처럼 보이지만, 본질적으로 그들은 당신이 더 나아져 자신을 만족시켜주길 바라는 마음이다.

당신이 행복한지 아닌지는 자신이 가장 잘 알고, 당신의 선택과 행동에는 명확한 기준이 있어야 한다. 당신 자신의 행복보다 더 중요한 것은 없다.

나도 한때는 실패를 두려워하는 겁쟁이였다. 그래서 실수는 말할 것도 없거니와 실패도 수없이 경험했다. 하지만 선택과 행동의 기준을 재정의하고 나자 마음이 한결 홀가분해졌다.

내 경험을 하나 나눠 보자면, '올해에는 다섯 번 실수하거나 다섯 번 실패하자'는 새로운 목표를 정해봤었다. 이렇게 하면 더 빠른 결정을 내릴 수 있고 만족도도 훨씬 높아진다. 실수가 목표 일부가 되면 자책감과 죄책감도 줄어들고 냉정하게 실수의 원인을 파악할 수 있다. 그 결과 쉽게 실수하지 않고, 전혀 예상하지 못한 기쁨과 성취감을 느낄 수 있었다.

<u>나는 모든 사람이 그릇이라고 생각한다. 당신이 더 많이 수용할 수 있다는 것은 그만큼 더 많이 가질 수 있다는 것을 의미한다.</u> 실수와 실패를 받아들이려고 노력하면 더 많은 성공과 행복을 담을 수 있다. 성장의 과정은 바로 끊임없이 자신을 '확장'시키는 것이다. 모든 사람은 제일 나은 선택과 성공을 쟁취하려고 하지만 더욱 중요한 것은 과감하게 실수를 저지르고 실패할 수 있는 용기다.

선택의 두려움

항상 결정을 주저하는 이유

　예전에 같이 일했던 인턴에게서 조언이 필요하다며 메시지가 왔다.

　'다니던 회사를 계속 다녀야 할지, 이직을 해야 할지 고민이에요. 어떻게 하면 좋을까요?'

　지난번에는 해외로 유학을 가야 할지 국내에서 취업을 해야 할지 물어보더니, 그로부터 딱 2년이 지난 지금, 질문의 내용은 엄연히 달랐지만 내면에 잠재된 무력감과 불안함은 전과 그대로였다. 곰곰이 생각해 보면 그는 선택의 갈림길에 설 때마다 결정을 주저하곤 했다. 크게는 일의 방향성부터 작게는 기본적인 의식주 문제까지 그의 인생은 언제나 그를 곤란하게 하는 '선택'들로 가득 차 있었다. 이렇게 선택을 어려워하고 과감한 결정을 내리지 못하는 것을 '선택 공포증'이라고 한다.

이런 유형의 사람들이 생각보다 많은데, 그들은 매일 아침 '무엇을 선택해야 하지?'라는 질문으로 시작한다고 해도 과언이 아니다. 우리가 그들이 빠른 선택을 하고 마음을 잘 다스릴 수 있도록 도와주려고 하면 아마 슈렉에 나오는 고양이처럼 애처롭고 순진한 눈으로 우리를 바라보고 있을 것이다.

'어쩔 수 없어요, 이런 고민충으로 태어난 걸 어쩌겠어요.'

'고민 = 신중함'이라는 심리적 암시

사실 그들에게는 '어쩔 수 있는 방법'이 없는 것이 아니라 '그런 방법 자체가 없길' 바란다. 선택 공포증은 스스로에게 주는 심리적 암시로 마치 선택이 필요한 순간의 고민은 자기 몸에 새겨진 문신과도 같다. 그들은 자신이 빠른 선택을 할 수 있다고 믿지 않는다. 선택 공포증 이면에 숨겨진 첫 번째 진실은 그는 자기 암시를 통해

'빠른 선택을 방해하고 있다'는 사실이다.

보통 우리는 '나는 이런 사람이야'라고 생각하면 그에 맞는 일이나 행동을 한다. 자신이 착하다고 생각하면 다른 사람을 도와주려 노력하고, 자신이 정직하다고 생각하면 길에 떨어진 돈을 주워도 자기 주머니에 넣지 않는다. 또 자신이 약하다고 생각하면 보호를 요청하는 데 익숙하며, 자신이 우유부단하다고 생각하면 선택 앞에서 딜레마에 빠진다.

그들이 자신을 우유부단한 캐릭터로 설정하는 것은 우리가 자신을 재미있고, 지혜롭고, 이해심이 많고, 노는 것을 좋아하고 호기심이 많은 캐릭터로 설정하는 것과 크게 다를 바 없다. 어떻게 설정했든 우리는 그 설정에 맞는 인생을 살아갈 것이다. 지나친 고민이 부정적인 측면만 있는 것은 아니다. 때로는 긍정적인 의미를 포함하기도 한다.

고민은 좋게든 나쁘게든 여러 상황을 생각하고 충동적인 결정을 피할 수 있게 한다. 이런 경우 자신을 사려 깊은 사람이라고 생각할 수도 있다. 다만 둘의 차이를 오해하면 잘못된 판단을 내리게 된다. 장단점을 과도하게 분석하고 선택 과정에서 지나치게 시간을 끈다고 해서 우리가 완벽하다는 것을 보여주는 것은 아니다. 오히려 감당할 수 없는 고민과 갈등의 상태에 빠져들어 혼란만 가중시킨다.

그들이 심사숙고의 과정을 즐기는 이유는 이성적으로 문제를 해결하고 있다는 것을 보여주기 위함과 동시에 자신을 성숙한 사람이라고 생각하기 때문이다. 하지만 결국 이런 생각은 자신을 고통스럽게 만든다. 모든 선택은 결정을 내리고 행동으로 옮기는 데 달려있기 때문에 주저하느라 정답을 써 내려가지 않으면 오히려 텅 빈답안지가 당신을 더 불안하게 만들지도 모른다.

이런 상황이 계속 반복되면 우유부단하고 갈팡질팡하는 캐릭터는 선택에 대한 불안함을 가중시키고 이것은 또다시 당신의 갈등을 검증하게 한다. 만약 이 악순환에서 벗어나지 못하면 영원히 눈을 가린 채 맷돌을 빙빙 도는 당나귀처럼 살아가게 될 것이다.

'선택 공포증'은 비겁함을 감춘 표상

흥미롭게도 대부분의 선택 공포증은 우리의 삶에 문제가 생기면서 시작되는데, 선택 장애는 하나의 표상에 지나지 않는다. 우리 몸의 면역체계에 문제가 생기면 피부에 알레르기 반응이 나타나거나 감기나 고열에 시달릴 수 있다. 이때 발진과 고열을 퇴치하는 데에만 열을 올릴 게 아니라 면역력 자체를 높여야 근본적인 문제를 해결할 수 있다.

다시 앞으로 돌아가서 나에게 메시지를 보낸 인턴 얘기를 해 보자. 그 친구는 지금 직장에 남아 있어야 할까? 아니면 새로운 직장을 찾아야 할까? 왜 두 달 동안 씨름했는데도 답이 나오지 않는 걸까? 지금 그에게는 현 직장이나 새로운 직장, 무엇을 선택하는가는 중요하지 않다. 여전히 자신의 인생에 막막함을 느끼는 그에게는 무엇보다 자신의 진로와 목표를 명확하게 설정하는 것이 중요하다. 지금까지 그는 자신이 '진정 무엇을 원하는지, 무엇과 어울리는지, 자신의 능력과 조건을 바탕으로 어떤 선택을 하면 좋은지' 전혀 알지 못하고 있다. 이렇게 근본적이고도 중요한 문제를 단지 장점과 단점만 따지는 두 가지 옵션으로 좁혀서 선택하는 것으로는 해결할 수 없다. 마치 엉켜 있는 털실을 다 풀면 어느 정도의 길이가 될지 살펴보지도 않고, 무턱대고 이 털 뭉치로 목도리를 짤지 장갑을 짤지 고민하며 성급하게 결정하는 것처럼 무모하다.

또 다른 사람들은 진짜 문제를 숨기곤 한다. 이직을 해야 할지, 여자 친구와 어디로 휴가를 갈지, 노트북을 살지 데스크톱을 살지 고민하는 것이 현재 가장 큰 관심사인 것 같지만 사실은 그저 시간과 에너지를 소비하기 위해 '선택'을 핑계로 삼는 것일 수도 있다. 지금 당장 복잡하고 까다로운 업무를 처리해야 했거나 연인과의 의

사소통 문제를 해결해야 했거나 개인의 재정 상태가 어떤지 등을 고민했어야 했다.

당신이 선택을 앞두고 결정을 미루는 이유는 답을 알고 나면 그 일을 진짜 행동으로 옮겨야 하는 현실을 직면하기가 두려워서다. 선택을 끝냈다는 것은 더 이상 피하고 지연시킬 이유가 없다는 것을 의미한다. 그래서 선택 뒤에 가려진 나의 진짜 문제가 무엇인지, 나에게 지금 눈 앞에 펼쳐진 이 선택이 정말 중요한지 자문할 필요가 있다.

'선택 공포증'이라는 속임수로 눈을 가려서 진정한 문제를 차단하는 것 외에도 자기도 모르는 사이에 눈앞의 선택에 위축될 수도 있다. 이 선택이 당신의 삶에 영향을 미칠 수 있을 만큼 중요하다고 생각하기 때문에 혹시라도 잘못된 선택으로 돌이킬 수 없는 상황을 초래할까 봐 더 신중하고 조심스러운 태도를 취하는 것이다.

하지만 일은 일이고, 연애는 연애일 뿐이다. 물론 우리 삶에서 중요한 의미를 갖지만 당신이 생각하는 것처럼 한 번 실패했다고 재기가 불가능한 것은 아니다. 신중하게 올바른 선택을 하는 것은 좋지만 선택에 너무 많은 의미를 부여할 필요는 없다. 올바른 선택만 하면 앞으로의 삶이 순조로울 수 있다는 것은 지나치게 순진한 생각이다.

만약 어떤 선택이든 충분히 감당할 수 있는 능력이 있다면 처음에 그렇게 완벽한 선택을 하지 않더라도 잘 살아갈 수 있고, 원래 나약하고 무능하다면 올바른 선택을 했다 하더라도 유종의 미를 거두기 어렵다.

인생의 중대한 문제는 한 번의 선택으로 결정되지 않으니 그보다 사소한 일들은 더 말할 것도 없다. 어떤 신발을 신을지, 어떤 옷을 입을지, 어디서 밥을 먹을지 등은 정말 사소한 일에 지나지 않는다. 당신의 인생이 진짜 빛날 수 있는지를 결정하는 것은 선택의 주체인 당신이 어떻게 빛을 발할 것인가에 달려 있다.

선택의 결과를 감당하기 어려운 당신

또 다른 선택 공포증은 결과를 감당하는 것을 두려워하는 데서 비롯된다. 우리가 실패할까 걱정하는 까닭은 실패가 자신의 무능함을 깨닫게 하기 때문이다. 어떤 인과관계든 외부 요인을 제거한 후에는 필연적으로 자신에게 귀인 하는데, 내부에서 요인을 찾는 사람들은 실패의 원인을 자신의 탓으로 돌리는 경향이 있다. 잘못된 선택으로 인한 실패나 그 실패를 인정하는 것은 전혀 두렵지 않다. 두려운 것은 잘못된 선택 하나로 자신을 수치심의 감옥에 가두고 스스로 고통스럽게 하는 것이다.

'내가 변변치 못하니까 이런 선택을 했겠지.'

'내가 능력이 있었으면 실패하지 않았을 텐데….'

우리는 이처럼 선택의 결과를 자기 삶에 대한 최종 판결문으로 받아들인다. 하지만 이 선택은 두꺼운 책의 한 페이지처럼 페이지를 넘기지 않으면 영원히 그 속에 머물게 되며 다시는 미래의 성공을 쓸 기회도 없게 될 것이다. 오스카상 수상자가 작품성이 떨어지는 영화에 출연했다고 해서 그의 연기력을 비판할 사람은 아무도 없다. 한 번의 실패로 그 사람을 부정하고 평가하기에는 부족하기 때문이다.

선택 공포증의 끝은 선택을 포기하는 것이 아니라 되도록 빨리 선택을 하는 것이다. 그것을 완성해야만 우리는 이 관문을 뛰어넘어 계속 앞으로 나아갈 수 있다. 어떤 선택이든 장단점이 있고, 진정한 두려움이 어디에서 오는지 알게 되면 선택은 더 이상 어려운 일이 아니다.

그러므로 진정한 인생은 선택을 하고 편안히 휴식을 취하는 것이 아니라 선택을 '행동'으로 옮기는 여정이다.

저 높은 하늘과 깊은 바다처럼 우리가 가야 할 길은 멀고도 멀다. 이제 우리 눈앞의 선택은 먼지처럼 보잘것없게 느껴지지 않는가. 그런데도 앉아서 고민만 할 것인가?

가면 증후군

내면을 들킬까
줄곧 다른 사람인 척하고 있다

외로움을 느낄 때 주로 무엇을 하는가? 친구를 만나 수다를 떨기도 하고 길거리로 나가 사람을 구경하거나, 기분 전환을 위해 책을 읽거나 영화를 보기도 한다. 외로움에 저항하기 위해 어떤 방법을 선택하든 두 가지 유형으로 구분할 수 있다. 하나는 다른 사람과 교류하는 것이고, 다른 하나는 조용히 혼자서 위안을 찾는 것이다.

우리는 진정으로 소통할 사람을 찾지 못하면 한 발 뒤로 물러나서 외로움을 끌어안는다. 무라카미 하루키가 『노르웨이의 숲』에서 말한 것처럼 누가 정말로 외로움을 좋아하겠는가? 그저 관계를 통해 실망하기 싫을 뿐이다. 그리고 이런 실망은 다른 사람과의 관계에서 오기도 하지만 자신에게서 받기도 한다. 이런 실망은 우리를 움츠러들게 한다.

누가 나같이 '형편없는' 사람을 좋아하겠어

내 주변에는 연애를 시작하기가 어렵다거나 연애를 하다가도 항상 흐지부지 끝나버린다고 하소연하는 사람들이 있다. 그들은 주변에 친구가 별로 없고 외로움을 느껴도 차라리 혼자 있는 게 낫다고 생각한다. 그들 스스로 다른 사람이 생각하는 것만큼 좋은 사람이 아니라고 생각하기 때문에 일단 관계가 깊어지면 자신의 결점이 드러나 결국 혼자 남게 될 거라는 두려움으로 아예 처음부터 혼자 있는 쪽을 택한다.

그중 A는 평소 주변 사람들에게 칭찬도 많이 듣고 현실적인 기준으로 봐도 충분히 뛰어난 사람이었는데, 자신이 늘 다른 사람에게 과대평가 된다고 생각했다. 그녀는 게으름, 비관적인 사고, 서투름 등 자신의 결점을 하나하나 열거하며 자신이 이룬 성취는 모두 운이 좋았기 때문에 이룬 것이라 언급할 가치가 없다고 했다. 그리고 숨겨진 결점이 있는 자신이 '진짜 나'라고 생각했다.

그녀의 이야기를 듣고 난 뒤 친한 친구가 떠올랐다. 창업에 성공한 사업가인 그녀는 성품까지 훌륭한 좋은 친구였다. 하지만 연애에서는 조금 해 보고 아니다 싶으면 바로 그만두곤 했다. 한번은 그녀가 술에 취해서 이제 연애를 못 하겠다고 말했다. 모두가 그녀를 아름답고, 세련되고, 능력과 결단력까지 겸비한 사람이라고 생각했지만, 누구보다 그녀는 자신이 다른 사람이 생각하는 그런 사람이 아니라는 것을 알고 있었다. 그녀는 단 한 번도 민낯으로 남자 친구를 만나지 않았고 함께 밤을 보내지도 않았다. 그 이유가 참 현실적이긴 했지만 황당하기도 했다. 화장을 지우고 민낯을 드러낼 만큼 외모에 자신이 없었고, 잠잘 때 이를 갈아서 혹시라도 자신에 대한 환상이 깨질까 봐 두려웠던 것이다. 그녀는 또 숨기고 있던 비밀 하나를 털어놓았다.

"작년에 회사에서 중대한 사안을 결정할 일이 있었는데, 다들 나에게 통찰력 있고 지혜로운 결정을 기대했어. 솔직히 말해서 나도 그런 결정을 하려면 남들처럼 한참을 고민해야 하는데, 그때는 아무리 고민해도 쉽게 결정할 수가 없었어. 그래서 결국 내가 어떻게 했는지 알아? 그냥 동전을 던져서 나오는 대로 결정하기로 했어."

얼마나 많은 사람이 그녀에게 긍정적인 피드백을 주든 그녀는 그것을 진정으로 받아들이지 않았다. 그녀의 눈에 '형편없는' 자신은 '다른 사람이 생각하는 자신'을 따라갈 수 없었다. 설령 수천 개의 장점과 성취가 있다 하더라도 한 개의 결점이나 실수를 당해내기는 힘들다.

나의 치부를 들킬까 동굴로 숨어 들어가다

심리학에서 이런 유형의 사람들을 나타내는 용어가 있다. 1978년 미국 조지아주립대의 심리학자인 폴린 클랜스Pauline Clance와 수잔 임스Suzanne Imes가 처음 사용한 것으로 '가면 증후군' 또는 '사기꾼 증후군'이라고도 한다. 여기서 말하는 '사기'는 고의성이 전혀 없다. 그들은 단지 자신이 이룬 성과를 인정하지 못할 뿐만 아니라 자신의 능력과 장점도 받아들이지 못한다. 그것은 모두 가짜고 허상이며 다른 사람을 속이는 것에 불과하다고 믿고, 모든 것이 언젠가 '폭로'될 거라는 생각에 몹시 두려워한다. 자신의 능력을 일종의 '사기'라고 생각하는 것이다.

이런 두려움 속에서 그들은 늘 불안에 떨며 자신을 의심한다. 그리고 이런 두려움을 없애기 위해 삶과 일에 남다른 노력을 기울인다. 인간관계에 있어서 그들은 회피를 선택하는 경우가 많으며, 자신을 증명하려고 노력하는 한편 필사적으로 자신을 숨기려 한다.

그런데도 그들은 여전히 자신이 성공한 사람의 가면을 쓰고 있다고 느낀다.

가면 증후군은 페르소나와는 다르다. 전자는 자신의 좋은 부분을 내면화하지 못하지만 좋은 부분이 실제로 존재한다. 후자는 일시적으로 더 나은 자신을 보여줄 수 있지만 좋은 부분은 실제로 존재하지 않는다. 그러니 '가면 증후군'은 착각에 지나지 않는다. 그들은 정말 훌륭한데, 한 번도 자신을 수용한 적이 없다.

가면 증후군의 형성은 과거 경험과 관련이 있다. 그들은 오랫동안 방치되었거나 부모처럼 중요한 사람들에게 인정받지 못했을 수도 있다. 자녀가 잘하고 있는데도 부모가 이를 묵과하고, 그 과정이 오래 지속되면 자녀는 습관적으로 자신을 부정하고 자신이 부족하다고 느끼거나, 자신의 장점과 성취가 자신이 진정으로 원하는 것이 아닐 수 있다고 생각한다. '다른 사람이 생각하는 것만큼 잘하지 않는다'는 생각은 그들이 계속 노력하도록 종용하지만, 결코 이 생각이 전혀 문제가 없는지 스스로 물어보지 않는다. '다른 사람이 생각하는 것만큼 잘하지 않는다'는 주장은 사실상 인간이라면 누구나 가질 수 있는 생각이며, 가면 증후군에 속하든 그렇지 않든 우리는 모두 이런 인지 충돌을 맞닥뜨리게 된다.

사람과 사람 사이의 이해는 수많은 장벽으로 둘러싸여 있기에 모두 우리가 생각한 것과 다르다는 것을 알게 될 것이다. 강인해 보이는 친구가 알고 보면 밤마다 이불 속에 숨어 몰래 우는가 하면, 냉철하고 교만하기 짝이 없는 동료가 의리를 내세우며 회사 일에 앞장서고, 이성적이고 카리스마 넘치는 리더가 감정적으로 엉망진창이 될 수 있다. 마찬가지로 우리가 아무리 빈틈없이 행동해도 결국 다른 사람의 상상과 충돌하게 된다. 자신이 훌륭하다는 사실을 증명해주는 이유가 수천 개 있어도 인간의 복잡한 다면성은 우리가 간과하는 인간성의 구석을 보게 한다.

허점투성이 그대로의 나를 보여주는 용기

지금까지 자신을 움직여온 생각이 누구나 겪을 수 있는 문제일 뿐이라는 것을 분명히 깨달을 때 비로소 진정으로 자신을 놓아줄 수 있다. 다른 사람들의 눈에 보이는 대로 살지 않고 그들의 기대에 부응하기 위해 애쓰지 않아도 된다. 모두 헛수고일 뿐이다. 다른 사람이 실망감을 느끼는 것까지 우리가 어떻게 할 수 없지만 자신을 실망시키지 않는 방법은 있다. 그것은 바로 '진짜 내가 되는 것'이다.

자신의 진짜 모습이 다른 사람에게 사랑받지 못할까 봐 걱정하는 것은 사실 가장 큰 오류다. 그들이 가장 좋아하는 모습은 겹겹이 쌓인 가식적인 모습 너머에 있는 진짜 모습이다. 이건 우리가 뛰어나서가 아니라 그저 이것이 '진짜'이기 때문이다. 다른 사람에게 사랑받지 못할까 걱정하는 순간들은 실제로 우리가 자신을 충분히 좋아하지 않는다는 반증이며, 진심으로 자신을 받아들이지 못했다는 것을 의미한다.

미국의 정신과 의사 및 심리상담사인 어빈 얄롬Irvin Yalom은 '우리가 다른 사람과 완전히 연결되려면 먼저 자신과 연결되어야 하며, 자신과 연결되는 방식이 바로 다른 사람과 연결되는 방식'이라고 말했다. 우리는 자신의 진짜 모습을 숨긴 채 자신의 장점을 부정하고 다른 사람과 교제할 수 있는 많은 가능성을 차단했다.

자신을 좋아하는 것은 평생의 숙제이자 연습이다. 자신을 다른 눈으로 바라보면 나약하고 무기력한 모습이나 귀여운 면이 있고 가끔 게으름을 피우는 것도 자연스러움으로 이해하고 받아들이게 될 것이다. 완벽한 사람인 척하기보다 솔직하게 자신을 보여주는 것이야말로 가장 큰 매력이다. 자신의 진짜 모습을 보여줄 때 비로소 진정한 친구를 사귈 수 있고 진정한 사랑을 받을 수 있다.

가짜 자아의 게임에 깊이 빠지다

2장

감정 소모

감정 단절

당신의 슬픔은
반드시 보여줘야 한다

누군가를 위로하는 일이 점점 별 볼 일 없어지고 있다는 걸 깨달았다. 아무리 따뜻한 위로의 글이라도 사람들의 눈이 번쩍 떠질 만한 새로운 표현이 없으면 결국 '긍정적인 마음을 가져 봐', '너무 우울해 하지 마'와 같은 공허한 말들만 허공에 떠돌고, 이런 글은 어쩌면 너무 가볍고 지겹게 느껴질 수도 있다.

현대 과학이 눈부신 발전을 이루었지만, 안타깝게도 감정을 처리하는 데 도움이 되는 기술은 아직 없는 듯하다. 의약 제조 기술 역시 엄청난 발전을 이뤘지만 마음의 고통을 치료하는 약을 만들어내지 못한다.

슬픔에는 '진통제'가 없다

인간은 만물의 영장 중 가장 지혜로운 동물이다. 그러나 지금까지도 슬픔을 다루는 일은 해결하지 못하고 있다. 비록 당신이 가난하고 고된 생활을 하지 않을 만큼 부유해도 마음의 고통은 결코 피할 수 없다. 아무렇지 않은 척하는 당신은 아무리 고통스러워도 슬픔을 인정하지 않고 억누른다. 울고 싶어지면 바람이 너무 세게 불어서 눈시울이 붉어진 것이라고, 마침 눈에 먼지가 들어가 눈물이 난 것이라고 둘러댄다. 하지만 그 이면에는 현실과 전혀 다른 감정을 지니고 있으며 자신의 슬픔이 빨리 치유되길 원한다.

그래서 당신은 몰래 인터넷을 검색해 파워블로거나 실시간으로 전문가와 상담이 가능한 유튜버 등에게 무슨 비결이 있는지 물어보기도 한다. 하지만 수백만 명의 팔로워를 거느린 파워블로거도 인터넷에서는 누구보다 당당하고 자유롭지만 그 역시 정말 슬플 때는 집에 가서 혼자 울기도 한다. 아파하지 않고 슬퍼하지 않는 방법은 이 세상 어디에도 존재하지 않는다.

그저 맹목적인 기대감을 품고 나에게 질문하는 사람이 있는데, 질문을 들으면서 한 글자도 대답하고 싶지 않다고 생각한 적이 있다.

"요즘 기분이 매우 좋지 않아요, 어떻게 하면 빨리 즐거워질 수 있을까요?"

"사랑하는 사람과 헤어졌어요, 언제쯤 그를 잊을 수 있을까요?"

"취업 스트레스가 너무 심한데, 빨리 기분을 조절하는 방법이 있을까요?"

생존 욕구가 강해 여기저기서 방법을 찾는 것 같지만, 사실 그들이 가장 원하는 것은 슬픔에서 빠르고 정확하게, 그리고 단호하게 벗어나는 것이다. 그들은 슬픔과 싸울 마음이 없으며 그저 이 상황을 빨리 벗어나고만 싶어한다.

슬픔이 그렇게 무서운가? 아마 모든 사람이 그럴 테지만 만나고 싶지 않고, 만나더라도 굴복하고 싶지 않은 것이 슬픔이다. 예전에 알게 된 친구가 하나 있는데, 그녀는 너무 바빠서 슬퍼할 시간이 없다고 했다. 무슨 일이 있어도, 기분이 아무리 나빠도 한 시간이면 회복할 수 있고 그 후에는 해야 할 일을 다 해냈다. 그녀는 다음 미션이 시작되기 전에 슬픔을 정리하기 위해 알람 시계가 필요한 것처럼 슬픔을 다루는 시간마저도 일정에 포함시켰다. 많은 사람이 그러길 바랄 테지만, 슬픔은 육체적 질병처럼 약을 먹고 나면 며칠 후에 회복될 수 있는 성질의 것이 아니다.

실제로 육체적 고통은 어느 정도의 유효기간이 있어서 외부의 작용을 통해 고통과 그 근원을 사라지게 할 수 있다. 우리가 약을 먹으면서 안심하는 이유는 일주일간 약을 먹으면 고통을 줄여줄 뿐 아니라 증상이 뚜렷하게 가라앉는 효과를 보는 명확한 시간과 기한을 알기 때문이다. 심리적 고통을 다룰 때도 이렇게 분초를 다투는 요구와 기대가 있지만 슬픔과 고통의 완화와 소멸을 위한 정확하고 과학적인 약물 사용법은 없다.

우리가 부정적인 감정을 이토록 필사적으로 없애려는 이유는 고통을 받고 싶지 않기 때문일 뿐만 아니라 이런 부정적인 감정을 마주하는 것이 두렵기 때문이다. 많은 사람에게 부정적인 감정은 그 자체의 의미를 넘어 부끄럽고 수치스러운 잘못으로 받아들여진다. 우리는 항상 슬픔을 '나약함'의 동의어로 여겨 다른 사람에게 무시 당하고, 고통은 다른 사람에게 전해져 사랑받지 못하며, 슬픔은 쉽게 드러내지 말아야 하는 약점으로 여긴다. 그래서 서둘러 부정적인 감정을 없애거나 이성적으로 억제하려고 한다. 이것은 마치 우리가 큰 실수를 한 것처럼 잘못을 인정하고, 바로잡고, 자신을 격려하고, 다른 사람에게 확신을 주려는 행동과 같다. '다시는 그러지 않겠다'고 다짐까지 하면서 말이다.

그런데 슬픔이 무슨 잘못인가? 우리가 흔히 감기에 걸리면 약을 먹고 쉬는 것처럼 그냥 인정하고 대처하면 된다. 그리고 나서도 또 감기에 걸릴 수 있지만 지난번의 경험으로 새로운 깨달음을 얻어

적어도 더 이상 허둥지둥하며 불안해하지 않을 것이다.

슬픔은 그저 시간과 공간이 필요할 뿐이다

슬픔을 대하는 것이 힘든 가장 큰 이유는 앞서 언급했듯이 자신을 위로하지 못하고 다른 사람의 슬픔을 외면하는 데 익숙해져 있기 때문이다. 억지로 격려하고 용기를 주는 명언이나 문구를 인용하는 것 외에 다른 사람의 슬픔에 어떻게 반응해야 하는지 전혀 모르는 것이다.

'도대체 언제부터 사람과 사람이 이렇게 차갑고 소원해진 걸까?'

나는 평소 이런 생각을 많이 한다. 당신은 상대방과 마주 앉아 있지만 그는 당신이 하는 말을 하나도 듣지 않고 당신의 감정도 전혀 공감하지 못한다. 당신은 그가 이해할 수 있기를 바라지만 당신이 말할 때 그의 감정은 동요하지 않는다. 오직 뇌만 작동해 문제에 대한 해결책을 찾는 데 집중하고 당신에게 조언할 기회만 기다리고 있다.

성인이 된 우리는 모두 대단한 존재다. 인생을 살아오면서 저마다 풍부한 경험을 쌓았으며, 많은 문제를 해결할 수 있다. 하지만 정작 자신의 마음과 감정을 돌보지 못하고 마음속 깊은 곳까지 들여다보고 싶어 하지 않는다. 그들이 당신의 슬픔을 보지 못하기 때문에 당연히 당신에게 필요한 것은 아무 의미 없이 떠도는 격려라고 여긴다. 만약 상투적인 위로 목록이 있다면 '잘 될 거야', '괜찮아', '좋은 쪽으로 생각해 봐'라는 말은 무조건 들어가 있을 것이다.

속마음을 터놓고 얘기하고 싶은데, 상대방이 억지로 막으며 당신이 부정적인 말을 하지 못하도록 하는 것은 그들이 그것을 감당할 수 없기 때문이다. 자신의 슬픔을 보여주지 않는 사람은 다른 사람의 감정을 마주할 때도 동일한 방식으로 감정의 단절, 부정 또는 전이를 사용한다.

지난주 쇼핑몰에서 엘리베이터를 기다릴 때의 일이다. 스케이트 경기를 막 마친 듯한 어린아이가 성적이 좋지 않았는지 엄마와 이런저런 얘기를 나누고 있었다. 엄마가 아이에게 물었다.

"왜 앞으로 치고 나가지 않았어?"

"무서워서."

엄마는 아이의 말이 끝나기도 전에 화를 냈다.

"그게 뭐가 무서워? 스케이트를 그렇게 오래 탔는데도 그게 무서

우면 어떻게 하니? 그리고 그렇게 안 하면 어떻게 1등을 할 수 있겠니? A가 너보다 훨씬 용감한가 보네, 하나도 안 무서워하던데."

아이는 기가 죽어서 아무 말도 하지 못하고 입만 삐죽 내밀고 고개를 푹 숙인 채 엘리베이터에 올라탔다.

우리 가운데 많은 사람이 아이의 '엄마'와 닮았다. 다른 사람의 감정을 느끼지 못하고 심지어 상대방이 두려움과 슬픔, 불행을 표현하는 것을 들었음에도 동조하지 않는다. 그들은 당신이 왜 부정적인 감정을 느끼는지 이해하지 못하며 이런 감정은 아무 쓸모가 없다며 따지고 들 것이다. 당신 앞에 있는 사람은 한낱 기계에 불과하다. 그들은 지시 사항이 입력되면 그에 따른 정확한 행동을 도출해낼 뿐이다.

그들은 당신이 슬퍼하는 것을 용납하지 않고 슬픔과 맞닥뜨리지도 못하게 한다. 그러면 슬픔은 존재하지 않을 것으로 생각하지만 도피와 외면이 슬픔을 더 슬프게 만들 뿐이라는 사실을 모른다. 사실 위로는 그렇게 어렵지 않다. 쓸데없는 수다를 떨 필요도 없다. 상대방이 슬픔을 온전히 표현할 수 있는 시간과 공간을 내어주고, 진실하고 담대하게 그 사람의 감정을 마주하며, 그 슬픔 뒤에 무엇이 있는지 이해하려고 노력하면 된다.

가장 좋은 위로는 슬픔을 받아들이는 것

이성적인 측면에서 평가하고 조언하는 데 급급하지 않고 감정적인 측면에서 이해하는 것은 이미 슬픔을 '보는 것'이다. 그렇다. 슬픔은 진정으로 보여야 흘러갈 수 있으며 이러한 감정의 흐름이야말로 사람과 사람 사이의 거리를 좁히는 열쇠이다. 당신과 대화하고 있는 슬픔에 찬 그 사람은 구체적인 조언을 얻고 싶은 것이 아니라 그저 당신이 자신의 슬픔을 바라봐 주고, 자신의 작은 감정에 관심을 가져주기 바라는 것뿐이다.

감정을 축적하고 봉인하는 행위는 사람을 슬픔에 고정시켜 움직이지 못하게 한다. 다른 사람을 위한 것이든 자신을 위한 것이든 우리는 모두 슬퍼할 권리가 있으며, 그것을 금지하거나 일정 기간으로 제한해서는 안 된다는 사실을 기억해야 한다. 당신이 슬픔에 열려 있는 경우에만 치료할 수 있다.

얼마 전 드라마 〈밥 잘 사주는 예쁜 누나〉를 봤다. 남주인공이 여주인공에게 '앞으로 숨지 못하게 할게, 약속해'라는 대사가 머릿속에서 떠나지 않았다. 우리가 슬픔을 직면할 때도 이렇게 했으면 좋겠다. 습관적으로 무시하고 숨기지 않길 바란다. 앞으로 우리만의 슬픈 순간이 다가오면 숨지 말고 빛을 보게 해주자.

무능함의 표현

◆

**화내는 것 말고는
아무것도 할 수 없다**

주말 저녁에 모처럼 산책을 하는데 길가에서 다투고 있는 커플이 눈에 들어왔다. 남자 친구가 몹시 화가 났는지 고래고래 소리를 질렀다.

"그냥 그렇게 가버리면 다야? 넌 날 신경 쓰긴 하니?"

그가 내뱉는 말 한마디 한마디에 분노가 가득했다. 내가 지나가는 순간 여자 친구가 울음을 터뜨렸다. 그때 나도 모르게 추리 본능이 가동되면서 틀림없이 여자 친구가 헤어지자고 하자 이에 동의하지 못하는 남자 친구가 화를 내는 것이라고 확신했다. 그런데 동네를 한 바퀴 돌고 오니 상황이 반전됐다. 여자 친구가 울고 있는 남자 친구를 달래고 있었다.

"기껏해야 6개월이야. 그 안에는 돌아온다고. 일이 내 마음대로 되는 것도 아니고, 나도 가고 싶지 않아."

나는 호기심이 발동한 나머지 운동 기구를 사용하는 척하면서 두 사람 주위를 얼씬거리며 대략적인 상황을 파악했다. 여자 친구가 반년 동안 타지로 발령을 받자, 남자 친구가 술을 마시고 불만을 토로한 것이다. 남자가 무턱대고 그녀를 비난했을 때는 분위기가 싸늘했는데, 다행히도 마지막에는 진심을 드러내고 그녀를 보낼 수 없다며 자신의 아픔을 토로했다.

결국 두 사람이 화해하고 다정하게 손을 잡고 집으로 가는 모습을 보면서 안심이 되긴 했지만 한숨이 터져 나왔다. 처음부터 남자 친구가 '너와 떨어져 지내는 건 너무 힘들어'라고 마음을 표현했다면 여자 친구도 '나도 너와 떨어져 있기 싫어'라고 대답했을 것이다. 이렇게 따뜻한 사랑의 에피소드로 아름다운 획을 그을 수 있었을 터였고 두 사람은 굳이 싸우지 않아도 됐다.

남자 친구는 자신의 감정을 알리고 위로받고 싶었을 것이다. 하지만 표현할 때는 모든 것이 변한다. 마음속의 모든 감정은 '분노'로만 표현되고, 모든 말은 '상대방이 잘못했고, 상대방에게 문제가 있다'로 전달된다.

분노가 부르는 또 다른 분노

잘못한 게 없는데 영문도 모르고 다른 사람의 분노를 참아낸 경험이 있을 것이다. 어쩌면 무턱대고 분노를 쏟아부었던 사람이 우리 자신이었을지 모른다. 우리는 서운하고 억울한 마음은 감추면서 입으로는 잔뜩 독이 오른 분노와 불만만 내뱉는다. 분노 외에는 아무것도 할 줄 모르는 것 같다.

왜 그럴까? 우리는 왜 화만 낼 뿐, 속마음을 솔직하게 표현하지 못하는 걸까? 나도 예전에는 화를 잘 내는 편이었고, 게다가 표현력도 뛰어나서 끝내 상대방이 잘못을 인정하고 용서를 빌게 했다. 그저 '이겼다'는 '도덕적 승리감'에 취해 있었던 것이다. 하지만 나중에 냉정하게 생각해 보면 '이겼지만 진 것'이라는 사실을 부인할 수 없었다. 내가 원하는 것은 싸움에서 이기는 것도, 상대방에게 잘못을 인정하게 하는 것도 아니다. 단지 '나는 약한 존재이고, 네가 나를 신경 써줬으면 좋겠다'는 표현을 하고 싶은 것뿐이다. 하지만 마음속 깊은 곳에 깔려 있는 이런 감정은 너무 부드럽기 때문에 우리는 본능적으로 힘이 없다고 느껴서 무의식적으로 '무기'를 사용하려고 한다. 이 무기가 바로 '분노'다.

사람이 분노하면 목소리가 커지고 말투도 세지는데 이런 것들로 상대방의 관심을 끌 수 있다는 착각에 빠진다. 우리는 분노와 화를 통해 자신의 정의와 옳음을 강조하고, 두려움을 조성하는 방법이 안전하고 효과적이라고 생각한다. 이와 반대로 서운함과 불만을 표현하는 것은 나약함을 드러내고 자기 스스로를 불리한 위치에 두어 다른 사람에게 조종당할 수밖에 없다고 생각한다. 그러나 이런 '독선'에는 반드시 대가가 따른다. 화를 낼 때 우리는 일시적으로 상대방의 관심을 끌 수 있고, 순간적으로 도덕성이 높은 수준에 이르렀다고 느낄 수 있다. 그런데 그 후에는 어떻게 될까?

다른 사람이 화를 낼 때 우리의 첫 번째 반응이 무엇인지 떠올려보자. 우리 역시 분노가 치밀어 올라 상대방이 무슨 말을 하든 아무 것도 들리지 않고, 심지어 상대방이 하는 모든 얘기가 틀렸고 이치에 맞지 않는다고 생각한다. 결국 원래 싸움의 근원이었던 상황은 다 잊히고 그저 '옳고 그름', '맞고 틀림'의 논쟁으로 번져 둘 다 상처를 입는다. 분노는 그저 다른 분노를 부를 뿐이다.

부드러움이 부르는 더 따뜻한 부드러움

상대방에게 긍정적인 감정의 반응을 기대한다면 부드럽고 따뜻한 배려로 상대방을 당신이 원하는 변화를 이끌어내도록 유도해야 한다. 분노는 정말 무력하고 비효율적인 감정의 도구이며 파괴력을 지니고 있다. 그래서 일단 분노로 당신의 생각이나 주장을 관철하면 상대방은 분노의 공격을 받았다고 느끼는데, 이는 당신의 분노 뒤에 연약함 등 다른 사람의 동정을 불러일으키는 감정이 존재한다는 사실을 분별하는 인지적 여유가 없기 때문이다.

감정은 소통과 표현의 효과를 극대화한다. 상대방의 '정확하고 적절한' 감정을 불러일으킬 수 있다면 기본적인 목표를 달성한 것이다. 이것이 바로 우리가 말하는 '공감'이다.

공감의 목적은 사실 상대방의 마음을 약하게 하는 데 있다. 부드러운 표현이야말로 능력이 있어 상대방의 자상한 행동을 이끌어낼 수 있다.

앞서 내가 동네를 산책하면서 만난 커플의 이야기에서 분노한 당사자가 결국 듣고 싶은 말, 얻고 싶은 결과는 상대방의 마음을 약하게 만들어 그녀가 자신을 떠나지 않는 것으로 정리할 수 있다. 그녀와 어쩔 수 없이 잠시 떨어져 있어야 하더라도 그녀가 자신의 마음을 알아주고 더 많은 배려와 보상을 해주길 바란다. 그러니 '나는 네가 가지 않았으면 좋겠어. 하지만 어쩔 수 없이 가야 한다면 아무리 바쁘더라도 자주 연락해 줘.'로 말해 보면 어떨까?

이런 표현은 상대방의 마음을 움직여 기분을 풀어주고 '그가 나를 걱정하고 있으니 나도 그에게 잘해줘야 한다'고 느끼게 한다.

사나운 호랑이보다 비에 젖은 강아지가 낫다

어렸을 때, 나는 화를 내는 어른들이 참 대단하다고 생각했다. 선생님이든 부모님이든 눈을 부릅뜨거나 거친 말을 하면 그 앞에서 입을 꾹 다물고 순순히 따랐다. 우리는 어른이 되면 이런 '참 대단한' 방법을 쉽게 따라 하며 분노를 표출하는 것이 힘을 과시하는 거라고 여기지만 우리가 마주하고 있는 사람은 어린아이가 아니라 충분히 화를 낼 수 있는 성인이기 때문에 분노로 상대방을 통제할 수 없다. 그리고 어렸을 때 어른들이 화를 내서 말을 잘 들었던 때가 얼마나 됐는지 생각해 보면, 말을 더 잘 들었다기보다는 오히려 훨씬 조심해서 쉽게 들키지 않게 장난을 치거나 화만 내는 어른들을 미워했을 뿐이다.

분노는 힘도, 권력의 상징도 아니다. 폭발적인 감정 분출은 문제 해결에 전혀 도움이 되지 않는다. 하지만 침투성이 강한 약함과 고통, 슬픔은 모두 효과적인 연화제이며 진정한 힘이다.

일본 드라마 〈콰르텟(カルテット)〉에는 이런 명대사가 나온다.

'고백은 어린애나 하는 거예요. 어른은 유혹해야 해요. 유혹하려면 일단 인간이길 포기해야 해요. 고양이, 호랑이, 비에 젖은 강아지 중에 뭐가 될래요?'

나는 고양이는 잡힐 듯 말 듯 밀고 당기기를 하며 서로 알아가는 단계에 적합하고, 호랑이는 포악하고 용감하며 권력의 상징으로 원칙과 경계를 세워가는 적응 단계에 적합하다고 생각한다. 그리고 비에 젖은 강아지는 가장 불쌍하고 힘이 약한 것처럼 보이지만 실제로 제일 중독성이 강하고 감정을 안정시켜 관계가 발전하는 단계에 적합하다고 생각한다. 물론 당신은 분노하고 포효하는 호랑이가 될 수 있지만 그 횟수가 잦아 다른 사람뿐만 아니라 자신까지 물려고 달려 든다면, 그건 정말 모든 사람을 다 두려움에 떨게 하는 성질 급하고 사나운 '맹수'가 될 뿐이다.

감정 조절 실패

◆

**감정은 자신을 가장 먼저 해치는
시한폭탄이다**

홍콩 TV 드라마에 '사람이 사는 데 가장 중요한 것은 기뻐하는 거야.'라는 대사가 나온다. 왜 기쁨이 가장 중요한가? 좋은 기분은 가치가 매우 높기 때문에 현금만으론 살 수 없다. 그런데 반대로 불쾌한 기분은 돈이 든다. 좋지 않은 기분을 없애기 위해 무언가 조치를 취해야 하기 때문이다. 기분이 좋고 감정적으로 안정되면 쓸데없는 곳에 돈을 쓰지 않아도 되고, 감정적으로 통제 불능 상태가 되면 돈과 체면을 모두 잃어버릴 수 있다.

통제 불능의 '괴인^{怪人}'이 되는 성인들

한 해의 마지막 날, 친구에게서 메시지가 왔다. 갑자기 기분이 우울해져서 매우 고가의 코트를 충동구매 했는데, 집에 와서 보니 후회가 밀려온다는 것이었다. 나는 즉시 친구에게 동영상 하나를 공유해줬다. 크리스마스에 한 여성이 기분이 좋지 않다며 쇼핑몰의 화장품 코너를 부쉈고, 결국 엄청난 돈을 배상해야 했다.

동영상 속 여성은 깔끔한 옷차림에 지극히 평범한 모습이었다. 그런 그녀가 갑자기 매장의 테스트용 립스틱을 여기저기 문지르고 계산대를 부쉈다. 직원의 설득에도 감정을 진정시키지 못한 듯했다. 하지만 그녀의 추태가 이쯤 되면 끝날 줄 알았는데, 상황은 점점 더 심각해졌다. 그녀는 울부짖으며 매장에 있는 병이란 병은 모조리 깨트렸고 보안요원에게 제압당하고 난 후에는 스스로 목숨을 끊으려는 시도까지 했다.

이 장면을 지켜보던 사람들은 하나의 해프닝으로 여길 수 있지만 그렇지 않다. 돈을 잃는 것은 작은 일이지만 인간관계를 망치고 나아가 자신의 존엄마저 잃을 수 있다. 그리고 그녀가 정말 자해에 성공했다면 어땠을까? 목숨을 잃는 것은 영원히 되돌릴 수 없는 일이다.

동영상이 온라인에 게시된 후, 그녀를 안타깝게 여기는 사람도 있었다. 어쩌면 매장 직원의 불친절한 응대나 개인적인 좌절로 인한 억울함을 참지 못해 감정이 표출된 것일지도 모른다며 이해의 목소리를 내는 이도 있었다. 그리고 그녀가 저지른 일에 책임만 지면 아무 문제 없다고 말하는 사람도 있었다. 나는 이런 무분별한 포용적 사고방식을 정말 싫어한다. 아무리 참을 수 없어도 참아내고, 아무리 억지를 부려도 포용하는 사고의 이면에는 모호한 경계와 무원칙의 양보가 드리워져 있는데, 이것은 착하게 사는 사람들에게 참으로 불공평한 일이다.

정서적 안정을 유지하는 것이 말처럼 쉬운 일은 아니라는 걸 누구보다 잘 알고 있다. 맹세코 나는 성질이 나쁜 사람이 아닌데, 운전을 하다 보면 가끔 악마에 홀린 것처럼 '난폭 운전'을 할 때가 있다. 그럴 때마다 나 자신도 놀라곤 한다.

왜 우리는 때때로 통제력을 잃어버리는 걸까? 우리는 모든 것을 통제하길 원하므로 마음 깊은 곳에 '나는 모든 것을 통제할 수 있다'는 불합리한 신념이 있다. 예를 들어 운전할 때 운전대가 자신의 손에 있기 때문에 '내가 결정하면 다른 사람들은 모두 따라야 해. 내가 조종할 수 있어'라는 생각이 더욱 강해진다.

지나친 '자기애'가 불러들인 비합리적인 신념

중국의 유명 심리학자 우즈훙武志红은 '모든 것을 통제할 수 있다고 생각하는 것'을 심리학에서는 '전능한 자기애'라고 했다. 이는 자신의 의지와 욕구대로 세상이 돌아가야 하며 자신이 외부 사물과 타인을 통제해야 한다고 생각하는 것이다. 전능한 자기애를 가진 사람은 자신의 욕구가 충족되지 않고 행동에 반응을 얻지 못하는 사실 자체를 받아들이지 못한다.

동영상 속 여성이 매장을 부순 사건을 자세히 살펴보면 처음에 그녀는 비교적 침착했고 물건을 부수거나 감정조절이 어려워 보이지 않았다. 나중에 주변 사람들이 멀찍이 몸을 숨기고 자신의 행동을 아무도 말리지 않고 경찰에 신고하려 한 것이 상황을 더욱 악화시켰다. 그녀가 물건을 부수고 있는데도 아무도 그녀를 제지하거나 말리지 않았고 오히려 회피하기 바빴다. 결국 그녀는 자신의 분노가 아무 소용없고 다른 사람을 조종하는 데 실패했다고 느꼈고, 마치 '내가 모든 사람을 통제할 수 있다'는 것을 증명이라도 하듯 더 히스테릭하고 심하게 기물을 파손했다.

매우 이상하고 말도 안 되는 소리로 들리는가? 그러나 자신의 삶을 되돌아보면 분명히 그런 순간이 있었을 것이다. 배달 기사가 늦으면 화가 나고, 비행기가 연착돼도 짜증이 난다. 또 친한 친구가 내 말에 동의하지 않으면 화가 치밀어 오른다. 이러한 분노와 짜증 중 일정 부분은 합리적이지만 지나치면 '비이성적인' 충동적 행동을 유발하는데, 바로 전능한 자기애가 발현되기 때문이다.

당신의 사고 안에서 음식 배달과 비행기 이륙은 항상 자신의 예상 시간에 맞춰 진행되어야 하고, 상대방도 내가 이해하는 방식으로 문제를 생각해야 하기 때문에 나의 기대에 부합하지 않는 일이 일어났을 때 강렬한 감정을 불러일으키는 것이다. 이는 상대방이나 사건 자체가 아니라 마음 깊숙이 뿌리내린 '자기애와 모든 것을 통제하고 싶은 비합리적인 신념' 때문이다.

그러나 통제하려 할수록 통제력을 잃게 된다. 자신이 모든 것을 통제할 수 있다고 생각할 때 무기를 버리고 투항하도록 하자. 당신을 실망시키는 뜻밖의 사건은 항상 일어날 수 있기 때문이다. 일을 할 때 여지를 남기지 않고 융통성이 없는 사람들은 사실 자기 통제력을 외부에 넘기는 것이다. 당신의 감정은 전적으로 다른 사람이 어떻게 행동하느냐에 달려 있기 때문에 음식 배달이 늦어지고, 비행기가 지연되고, 상대와 의견이 맞지 않으면 깊은 좌절감을 느끼고 모든 에너지를 자기애에 집중하게 된다.

자신의 한계를 인정하고 기대치를 낮춰라

　지나친 자기애를 해결하려면 '자신의 한계'와 '타인의 다양성', '세상의 무상함'을 깊이 깨닫는 것부터 시작해야 한다. 물론 하루아침에 할 수 있는 일은 아니다. 하지만 적어도 우리는 우리가 결정할 수 있는 일은 한계가 있지만 적어도 자신은 통제할 수 있다는 사실을 염두에 두어야 한다.

　자신을 통제하는 하나의 방법으로 '상황이 악화될 수 있다'는 사실을 받아들이는 것이다. 나도 '난폭 운전'을 할 수 있는 성향이 있다는 사실을 인지하고 반성해 봤다. 나는 길이 전혀 막히지 않는 뻥 뚫린 도로를 기대했고 단 한 대의 끼어들기 차량도 용납하지 않았다. 그 뒤로 나는 기대치를 다시 세우기로 했다. 막힘없는 원활한 통행을 기대하는 마음을 내려놓고 어느 정도의 정체까지는 받아들이기로 했다. 또 끼어들기 차량에 대한 기대치도 낮춰 최소 10대까지는 허용하기로 했다. 그러고 나니 모든 상황이 예상 가능한 범위 안에 있다는 것을 알게 되었고, 운전하는 동안 기분 상할 일이 없었다. 예전에는 교통 체증과 끼어들기 차량이 없는 게 당연하다고 생각했는데, 지금은 이 모든 상황이 감사하고 평소보다 기분도 훨씬 좋아졌다.

자신의 기대치를 낮추려면 비합리적인 목표를 '악화될 수 있는 상황을 허용'하는 합리적인 목표로 바꿔야 한다. 그래야 훨씬 더 즐거움을 느낄 수 있고, 수시로 변하는 인생의 법칙을 받아들일 수 있다.

　더 악화되고 나빠질 수 있는 상황을 받아들이는 것은 단순한 나태와 타협이 아니라 자신에게 줄 수 있는 '유연성'이다. 아무리 목표를 완벽하게 설정하더라도 나쁜 일이 일어나지 않거나 적게 일어나지는 않을 것이다.

외모 강박

◆

**거울 속의 나는
결코 완벽할 수 없다**

헬스장에서 한 여성이 나에게 말을 걸었다.

"운동하고 나서 살이 얼마나 빠졌어요?"

그녀의 질문에 진땀이 났다. 사실 나는 무슨 일을 꾸준히 하지 못하는 스타일이라 운동을 시작한 지 10개월이 지났는데 오히려 살이 쪘다. 내가 사실대로 말하자 그녀가 의외의 대답을 내놓았다.

"내가 당신이라면 운동하러 오지 않았을 거예요. 이렇게 말랐는데, 뭐 하러 와요. 너무 부러워요. 저는 살이 너무 쪄서 운동을 꼭 해야 하거든요."

그녀와 비슷한 얘기를 하는 사람들을 많이 봤는데, 하나같이 모두 마른 체형이지만 스스로를 뚱뚱하다고 생각했다. 그녀는 나를 한참동안 붙들고 뚱뚱한 자신이 너무 싫고 더 날씬해지고 싶다며 목표를 달성할 때까지 절대 멈추지 않을 거라는 하소연을 늘어놨다.

그녀 옆에 그녀보다 훨씬 마른 45kg의 여성이 있었는데, 그녀도 살이 찌는 걸 너무 싫어해서 출근 시간을 제외한 나머지 시간을 전부 다이어트에 쏟아부었다. 살이 조금이라도 찌면 급격하게 우울감을 느끼고 아무것도 하고 싶지 않다고 했다. 그녀는 키 165cm 정도에 몸무게는 50kg을 절대 넘지 않아 보였다. 그런데도 스스로 뚱뚱하다고 생각하다니, 나는 그녀에게 전혀 뚱뚱하지 않고 건강이 가장 중요하니 바싹 마를 필요까지는 없다고 진심을 담아 말했다. 물론 내가 그렇게 말한다고 해도 아무 소용없다는 것을 잘 안다. 그녀는 자신의 몸매와 외모에 대해 근거 없는 강박으로 가득 찬 수많은 사람의 전형이다.

신체이형장애 뒤에 숨은 심리적 동기

우리는 매일 열심히 다이어트를 떠들어대는 말라깽이의 험담을 하거나 자신이 못생겼다고 불평을 하는 미녀를 보고 코웃음을 치곤

한다. 우리가 보기에 그렇게 자신에게 엄격하거나 불만을 가질 필요는 없어 보이지만 실제로 그들은 외모에 지나치게 신경을 쓰고 항상 자신이 아름답지 않거나 날씬하지 않다고 생각하기 때문에 그들에게는 이것이 가장 큰 골칫거리이다. 이런 사람들은 '신체이형증후군'에 걸렸다고 볼 수 있다.

'신체이형증후군'은 실제로는 외모에 결점이 없거나 그리 크지 않은 사소한 것임에도, 자신의 외모에 심각한 결점이 있다고 여기는 생각에 사로잡히게 되는 질병이다. 이들은 평범한 사람들보다 외모에 훨씬 민감하고, 더욱 놀라운 것은 실제로 뚱뚱하거나 못생기지 않았는데, 단지 스스로 그렇게 생각한다는 것이다.

실제로 신체이형증후군과 일반적인 강박증의 가장 큰 차이는 '과도함'에 있다. 신체이형증후군에 걸린 사람은 다른 사람이 무심코 던진 '살이 쪘다'는 말에 필사적으로 다이어트를 하고, 수시로 몸무게를 재며 살이 쪘는지 끊임없이 확인한다. 또 자신의 홑꺼풀이 마음에 들지 않아서 다른 사람의 쌍꺼풀을 자꾸 쳐다 본다.

이러한 행동은 자신이 완벽하지 않다고 생각하는 부분을 적극적으로 개선하기 위함이며, 또 어떤 행동은 이러한 불완전함에 직면하는 것을 피하기 위함이다. 거울을 보지 못하거나 자신의 결점을 숨기려 온갖 수단을 쓰고 자기 외모가 싫어서 외출을 꺼리는 사람도 있다.

정말 그들을 방해하는 것은 외모 자체가 아니라 극도로 낮은 자기인지와 그에 따른 부정적인 감정이다. 신체이형장애가 있는 사람은 자기 외모가 완벽하지 않다는 것을 부끄러워하고, 그것이 자기 잘못이라고 생각한다. 그리고 점점 깊은 우울감에 빠져 삶의 모든 영역이 황폐해지고 결국 자기혐오와 현실을 부인하는 지경까지 이르게 된다.

대부분의 사람이 신체이형장애를 가지고 있지만 그리 오래 지속되지 않는다. 거의 일반적인 스트레스 반응으로 일정 시간이 지나면 저절로 사라지기 때문에 자연스럽게 다른 일로 관심사가 바뀌게 된다. 그러나 심각한 신체이형장애를 앓고 있는 사람의 경우에는 이런 반응이 쉽게 사라지지 않고 단계적으로 개선 목표를 달성하더라도 만족하지 못하며 더욱 엄격한 기준으로 자신을 평가함으로써 또 다른 우울 단계에 깊이 들어갈 가능성이 높다.

사람들은 항상 외모의 중요성을 강조한다. 면접이나 연애, 모임, 사업에서도 외모가 모든 것을 결정한다는 말은 우리의 숨을 조이는, 보이지 않는 스트레스로 작용할 수 있다. 외모는 확실히 중요하지만 한 사람을 판단하기에는 충분하지 않다.

나중에는 외모에 대한 요구가 개인의 자질과도 연결되어 체중 조절을 못 하는 사람은 자기관리에 미흡한 사람이라고 판단하고, 외모가 아름다운 사람은 자신에게 엄격하므로 진취적이라고 생각한다. 나는 이 말들의 정확성을 부인하지 않지만 이 말들을 완전한 진리로 간주하면 잘못된 이론이 되어 많은 사람을 오도하게 된다.

더 아름다워지려고 노력하는 것은 좋은 일이다. 하지만 이 목표를 너무 심각하게 받아들이면 오히려 나를 옭아매는 족쇄가 돼서 '날씬하지 않고 아름답지 않은 사람은 쓸모가 없다'고 세뇌한다. 가슴에 손을 얹고 생각해 보자. 솔직히 이런 생각에 영향을 받지 않는 사람이 어디 있겠는가?

자신의 불안이나 강박을 해소하고 싶다면 사회적 분위기와 유행을 무조건 따르기보다는 자신의 상황에 맞게 이성적으로 분별해서 받아들이는 것이 좋다. 나는 지나치게 아름다움과 날씬함을 추구하는 사람보다 이성적으로 자신의 본모습을 대하는 사람이 더 가치 있다고 생각한다.

무엇보다 중요한 것은 불안의 실체를 마주하는 것이다. 그 불안은 단지 외적인 것에서 비롯되는지, 당신이 만족하지 않는 것은 오로지 외모뿐인지 말이다. 정작 많은 신체이형장애를 가진 사람들이 만족하지 못하는 것은 외모가 아니다. 외모는 '희생양'에 불과하며, 진짜 문제를 외면하기 위한 핑계일 뿐이다. '자신은 너무 뚱뚱해서 좋아해주는 사람이 없고, 예쁘지 않은 외모 때문에 면접에서 자주 떨어진다'고 생각한다. 또 분명히 개선해야 할 부분이 외모 이외에도 많은데 모든 시간과 에너지를 성형과 다이어트에만 쏟는 사람이 있다는 것도 알고 있다. 이렇게 시선을 외모에만 돌리려는 사고의 이면에는 연약함과 불안함이 깔려 있으며, 그들은 고통 속에 숨어서 더 복잡한 진실로부터 도망친다. 그래서 자신에게 더 엄격한 모습을 요구하고 완벽한 목표를 달성하지 못하면 언제나 그렇듯 외모 얘기만 할 뿐 내면의 상처는 거들떠보지 않는다. 이는 성장을 거부하는 행동이며 불안을 다른 불안으로 대체하는 것과 다를 게 없다.

그들의 생각은 매우 단순하다. 모든 문제를 외모로 귀결시키고 실패에 대한 모든 책임도 외모에 전가하면 자신은 홀가분해질 수 있다. 결국 외적인 것은 부모가 주는 것이기에 외모에 대한 무력감이 더 많은 공감을 불러일으키고 죄책감을 덜어줄 수 있다.

나를 온전히 받아들이는 것이 곧 인생을 받아들이는 것

외모를 바꾸는 일이 긍정적인 경험으로 이어지지 않고 오히려 극심한 스트레스와 부정적인 에너지를 느끼게 한다면 내 삶에 어떤 문제가 있는지 주의를 기울여 보자. 그것이 모든 것을 외모의 문제로 귀결시키는 것보다 낫다. 아무 생각 없이 자신을 무시하는 것보다 객관적으로 자신을 바라보는 것이 문제를 해결하는 데 훨씬 더 도움이 되기 때문이다. 때로는 다른 방면에서 성장이 두드려졌을 때 그 기쁨과 자신감이 외모에 대한 새로운 인식의 맹아가 될 것이고, 굳이 살을 빼기 위해 다이어트를 하거나 무리한 운동을 하지 않아도 자신이 어느 때보다 더 아름답다고 느낄 것이다.

한 가지 더 중요한 것은 자신의 몸을 정확하게 보고 사용하는 법을 배우는 것이다. 생물 시간에 신체에 대한 수업으로 자신과 이성의 몸에 대한 이해를 어느 정도 가지고 있지만 그 의미를 제대로 이해하는 사람은 거의 없다.

우리 몸의 아름다움은 고정된 기준이 없다. 당신은 그 자체로 매우 아름다우며, 이 사실을 진지하게 받아들여야 한다. 또한 몸은 촉각과 통각으로 슬픔과 기쁨을 감지할 수 있게 해준다.

다른 사람의 구미에 맞는 미의 기준을 맞추기 위해 우리 몸의 권리를 포기하지 말고 건강하고 편안한 상태를 유지할 수 있도록 하자. 우리가 지나치게 강박을 느끼는 그 순간부터 주객이 전도되면서 자신을 받아들이지 못하게 되는 것이다.

자기 몸도 제대로 파악하지 못하면서 인생을 살아갈 수 있겠냐고 말하는 사람도 있지만, 나는 그들에게 자신의 외모도 받아들이지 못하는데 어떻게 인생을 받아들일 수 있는지 되묻고 싶다.

3장

관계 집착

소라게 인격

◆

걸핏하면 수신을 차단하는 당신

　오랫동안 알고 지낸 친구가 3년 동안 아무도 만나지 않다가 드디어 연애를 하게 됐다. 발렌타인데이에 여자 친구와 좋은 시간을 보냈냐고 물었더니 무슨 일인지 약속 장소에서 여자 친구가 올 때까지 기다리다가 혼자 쓸쓸하게 집으로 돌아갔다는 것이다. 옛날처럼 휴대전화나 메신저가 없는 시절도 아니고, 서로 만나기로 약속을 해놓고 나타나지 않는 것도 이해가 안 됐지만 상대방이 올 때까지 마냥 기다리고만 있었다는 것도 납득이 되지 않았다.

　친구에게 휴대전화가 없을 리 없어 내막을 물어보니 대답이 기가 막혔다. 여자 친구가 요즘 그의 메신저와 전화를 모두 수신 거부를 해둔 상태라 작고 어두운 방에 감금된 사람처럼 그녀가 풀어주기까지 가만히 기다릴 수밖에 없다는 것이다. 나중에 나는 그가 수신 거부를 당한 게 처음이 아니라는 사실을 알게 됐다. 두 사람이 사귄지 1개월이 조금 넘었는데, 그동안 그녀는 조금이라도 마음에 들지 않으면 바로 수신 거부를 하곤 했는데, 평균 3~4일에 한 번꼴로 벌써 10번이 넘었다는 것이다. 누가 이런 관계를 버틸 수 있겠는가.

친구에게 말이나 행동을 잘못해서 여자 친구를 기분 나쁘게 한 것은 아닌지 물었다. 그는 여자 친구의 마음을 잘 알아차리지 못한 건 인정하지만 바로 수신 거부를 당할 만큼은 아니라며 속상해했다. 한번은 갑작스러운 야근으로 퇴근 시간에 맞춰 여자 친구를 데리러 갈 수 없게 되자 그녀는 말없이 바로 그를 차단해버렸다. 또 배달 음식을 주문할 때 '고추를 빼주세요'라고 메모하는 것을 깜박했다는 이유로 해명할 새도 없이 수신 거부를 당했다. 발렌타인데이 저녁에도 식사를 어디서 할지 상의하던 중 그녀는 자신이 좋아하는 음식도 모른다며 '너랑 같이 밥 먹기 싫어'라는 메시지만 남기고 또다시 그를 차단해버렸다.

내 친구가 정말 잘못한 걸까? 물론 그의 세심함이 부족하긴 했지만 그래도 여자 친구에게 수신 거부를 당할 정도는 아니라고 생각한다. 무슨 일이든 대화로 해결하지 못할 일은 없는데, 기어코 그렇게까지 해야 할까?

다른 친구도 이와 비슷한 일로 나에게 하소연한 적이 있다. 부모님이 소개해 준 사람과 만나지 않겠다고 하자 그녀의 어머니는 일주일 동안 그녀를 차단하고 전화도 받지 않았다.

수신 거부 기능이 존재하는 데는 그럴만한 이유가 있을 것이다. 자신을 괴롭히거나 이미 헤어진 상대, 혹은 오랫동안 연락을 하지 않았고 다시 연락할 일이 없는 상대에게는 적절한 대처 방법이지만 이는 점차 악용되고 있다.

사람 간의 소통이 항상 순조로울 수는 없다. 어떤 관계든 갈등과 모순, 불쾌감이 생기기 마련인데, 이러한 문제를 해결하려면 무조건 소통이 기본이 된다. 수신 거부를 하거나 상대를 차단하면 문제는 썩은 고인물처럼 악취만 풍길 뿐이다. 관계에서 아무렇지 않게 상대방을 차단하는 사람에게 '문제 해결'은 중요한 사항이 아니다. 그저 타인을 자신의 통제하에 두고 싶을 뿐이다.

다시 친구 얘기로 돌아와서, 친구가 여자 친구에게 앞으로 싸우더라도 아무 말 없이 수신 거부를 하지 말고 해명하고 사과할 기회를 줄 수 있는지 물었다고 한다. 그러자 그녀는 이렇게 대답했다.

"내가 이렇게 하지 않으면 문제의 심각성을 깨닫지 못할 거야."

그녀에게 차단은 이미 위협과 처벌이 되었으며, 그 뒤에는 무서운 통제욕이 숨어 있었다. 그래서인지 그녀의 대답이 몹시 불편하게 다가왔다.

안정감의 결핍, 소라게 인격

　습관적으로 수신 거부를 하는 사람은 '소라게 인격'의 특성을 가지고 있다. 소라게는 껍질은 단단하고 속은 연약한 생물로 이런 사람을 비유할 때 사용된다. 그들이 문제를 처리하는 방식은 매우 강경하고 카리스마 넘치지만 내면은 약하고 자존감과 안정감이 결여되어 있다. 다른 사람을 통제하여 자신을 보호해야만 안정감을 얻을 수 있는 방식이다.

　친구의 여자 친구처럼 원래 의도는 남자 친구가 그녀에게 더 많은 관심을 갖게 해 사랑을 받는 것이다. 그녀의 욕구가 잘못된 건 아니지만 충족의 방법은 부정적이라고 볼 수 있다. '내가 널 차단하는 한 너는 나와 대화할 수 없고, 그저 수동적으로 나의 지시를 기다릴 수밖에 없다'는 자신의 '권력'을 보여줌으로써 상대방을 복종하게 한다.

　그런데 왜 이렇게 차갑고 냉철한 사람을 내면은 약하고 안정감이 없는 사람이라고 말할까?

자존감이 높고 안정감을 가진 사람은 자신의 욕구가 충족되지 않을까 지나치게 걱정하지 않으며, 다른 사람이 자신을 대하는 방식을 자신의 가치나 자존감과 쉽게 연관을 짓지 않는다. 그들은 '나에게 충분히 잘해주지 않는다'와 '나를 사랑하지 않는다'를 구분할 수 있다. 또한 어떤 관계에서든 아무도 자신의 모든 욕구를 충족시킬 수 없으며, 인간의 궁극적인 만족은 자신에게서 나온다는 것도 알고 있다.

반면 '소라게 인격'을 가진 사람의 내면은 한없이 나약하고 예민하다. 이들은 바람이 풀잎에 스치기만 해도 흔들리는 것처럼 상대방의 작은 행동도 자신을 배신하고 부정하는 신호로 받아들인다. 그래서 수신 거부를 하거나 연락을 차단해 자신의 지위와 권력을 과시함으로써 자존감을 높인다. 또 여기에는 '상대방이 잘못했다'라는 의미가 내포되어 있어서 모든 잘못을 상대방에게 떠넘기고 정작 자신은 반성할 필요조차 느끼지 못한다. 그들은 상대방에게 고통을 전가해서 내면의 흔들림이 없을 것 같지만 사실 나름대로의 고통이 따른다. 다른 사람을 위협하는 가장 비효율적인 방법으로 자신의 감정을 표현하기 때문에 감정의 흐름을 차단시켜 결국 스스로 '내면의 상처'를 입히고 만다.

'소라게 인격'은 어떻게 형성되는가

성인의 모습을 하고 있지만 내면은 여전히 미성숙한 아이처럼 구는 사람이 있다. 화가 나면 벽을 부수거나 쓰레기통을 차고 물건을 던지거나 심지어 자신의 뺨을 때리는 사람들이 있다. 위에서 언급했던 상대방을 차단하는 행위 역시 이러한 행동들이 변형된 것으로 그들은 부정적인 감정을 말 대신 행동으로 표현한다. 아이들이 언어 체계가 충분히 발달하지 않았을 때 울음이나 몸짓으로 감정을 표출하는 것과 같은 맥락이다. 이들은 다른 사람의 관심을 끌기 위해 온갖 수단을 동원하여 자신의 상처를 보여준다. 그러나 '소라게'의 껍질은 너무 단단해서 이런 방식으로는 또 다른 상처를 입게 될 뿐이다. 이는 그들이 감정을 표현하는 올바른 방법을 배우지 못했다는 방증이기도 하다. 언어적 의사소통이야말로 성숙한 성인의 의사소통 방식으로 감정을 전하는 데 비교적 안정적이고 효과적이다.

인간관계에는 조건 반사가 일어난다. 당신이 다른 사람에게 상냥해야 다른 사람도 당신에게 상냥하게 대할 것이다. 강경한 태도는 또 다른 강경한 태도를 만들어낼 수밖에 없다.

한쪽이 의사소통을 시도할 때 상대방이 아무 말도 하지 않으면 어떻게 될까? 이런 침묵은 소통을 시도하는 사람을 화나게 하거나 존중받지 못한다고 느끼게 하지만 침묵하는 사람은 오히려 이보다 더 좋은 대처방식은 없다고 생각한다.

수신 거부와 침묵은 동일한 심리적 동기를 가지고 있으며, 모두 '회피'라는 방식으로 문제를 처리하고 현실로부터 도피하려고 한다. 회피하면 당장 다툼이 커지는 것을 막을 수 있다. 하지만 다툼을 해야 갈등의 핵심에 닿을 수 있고, 진정으로 문제의 본질을 직면할 수 있다. 거짓으로 가려진 상태에서는 문제가 해결되지 않고 관계도 회복되지 않는다. 반복되는 수신 거부든 끝날 줄 모르는 침묵이든 이와 유사한 회피 방식을 많이 사용할수록 관계의 지속 기간이 짧아진다는 것을 깨닫게 될 것이다.

우리가 해결해야 할 것은 상대방의 문제가 아니라 자기 자신의 감정이다. 의사소통 중 감정을 달래기 위한 수신 거부는 자신과 상대방을 막다른 골목으로 몰아넣는 것과 같아서 벽에 부딪히고 제자리를 맴돌게 하는 것 외에는 아무 소용이 없다. 그리고 그 횟수가 많아지면 상대방이 이미 한발 앞서서 마음속으로 당신을 차단했을지도 모른다.

수동적 공격

수동적 공격형 연인은
얼마나 무서운가?

많은 이들이 배우자를 선택할 때 가장 우선적으로 '좋은 성격'을 꼽는다. '성격이 좋다'는 것은 화가 나는 상황에서도 감정을 잘 드러내지 않고 그 상황을 부드럽게 유지할 줄 알며, 상대가 화를 낼 경우에도 평온한 상태를 유지할 수 있음을 의미한다. 그런데 이런 사람이 어디 있을까 싶을 정도로 성격이 좋아 보이지만 그렇다고 이들이 전혀 공격적이지 않다고 장담할 수 있을까? 당신이 화를 낼 때 맞받아치지 않는다고 해서 그가 분노하지 않는 걸까?

내 친한 친구의 남편은 전형적인 '성격 좋은 사람'으로 연애할 때 서로 얼굴 한번 붉힌 적이 없었다. 내 친구가 주저 없이 결혼을 결정한 것도 이런 흔치 않은 장점 덕분이었다. 결혼 후에도 친구 남편은 여전히 그대로였지만 친구의 불만은 점점 늘어갔다.

"남편이 매일 게임만 하고 집안일은 하나도 안 해, 그래서 뭐라고 하면 잘못했다고는 하는데, 그때만 잠시 그럴 뿐 고쳐지지 않네. 그저께는 잠이 들었다가 또 일어나서 게임을 하더라고. 설거지라도 시키면 하긴 하는데, 주방을 난장판으로 만들어 놓더라고⋯."

친구의 남편은 이런 작은 실수를 반복했고 약속을 잊거나 미루는 경우가 많았으며, 정말 간단한 일도 다 망쳐놓곤 했다. 그에게 화를 내도 소용이 없었다. 그는 언제나 올바른 태도와 순진한 얼굴을 하고 있어서 오히려 화를 내는 내 친구가 나쁜 사람처럼 비쳤다.

정말 그녀의 말대로 친구의 남편은 화를 내지도, 분노하지도 않았던 것일까? 아니다. 남편도 화가 났지만 표현하지 않았을 뿐이다. 분노가 마음속에 계속 쌓여도 화를 내지 않고 얼마든지 상대방에게 상처를 줄 수 있었던 것이다. 이것이 바로 '수동적 공격'이다.

암묵적인 감정이 훨씬 치명적이다

수동적 공격형 사람은 당신에게 정면으로 맞서지 않고 당신이 화가 났을 때 말로 반격하거나 상처주지 않는다. 그렇다고 해서 그들이 정말 화가 나지 않은 것일까? 아니다. 그들은 그저 우회적인 방식으로 분노를 표출할 뿐이다.

친구의 남편은 말로는 게임을 하지 않겠다고 '순종'하고 '타협'하는 것처럼 보이지만 그녀가 잠든 사이에 몰래 게임을 했다. 이는 행동으로 소리 없이 싸우는 것과 다를 바 없다. 그리고 항상 그의 '부주의'로 잊어버리거나 무시되는 약속들은 모두 '이 일을 하고 싶지 않다'는 수동적인 표현이다. 간단히 말해 수동적 공격형 연인은 당신과 직접 충돌하지 않지만 여전히 자신의 태도를 고수하고 반드시 반격한다. 수동적인 방식으로도 얼마든지 당신을 화나게 할 수 있다.

아무리 성격이 좋은 사람이라도 결혼 생활에서 사사건건 제한을 받고 끊임없이 요구받는다면 이런 규칙들을 기꺼이 받아들일 가능성이 얼마나 될까? 그렇게 많은 분노의 감정을 공격받았는데 과연 상대방이 시킨 일을 얼마나 침착하게 해낼 수 있을까? 남편은 남편 나름대로 자신의 마음이 균형을 잃지 않도록 자신만의 표출 방법을 찾은 것이다. 그러나 친구는 이해할 수 없었다.

"할 말이 있으면 나한테 직접 하면 되잖아! 차라리 싸우는 게 낫지, 왜 이런 방식으로 해결하려고 하는 거지?"

수동적 공격형 사람들은 싸움의 대상을 선택할 때 종종 통제욕이 강한 사람을 지목한다. 이런 사람들과의 상호작용 방식이 익숙하게 느껴지기 때문에 어려서 경험한 무서운 선생님과 선배와 있는 것처럼 과거 경험을 무의식중에 복제할 수 있다. 수동적 공격형 사람들은 관계에서 늘 약자의 위치에 있기 때문에 분노와 비난을 받아들인 후 반격할 힘이 없지만 일단 감정이 일어나면 반드시 출구를 찾아 발산해야 한다.

초등학교 때 같은 반 친구는 숙제를 제시간에 끝내지 못할 때가 많았다. 하루는 선생님이 방과 후에 교실에 혼자 남아서 숙제를 하라고 했는데, 결과적으로 보면 오히려 이런 행동이 선생님의 화를 부추겼다. 이 친구는 글을 너무 느리게 써서 경비아저씨가 문단속을 하러 올 때까지도 다 마치지 못했다. 이 와중에 친구가 '천천히 쓰는 것은 내 잘못이 아니다'라고 주장하자 선생님은 화가 치밀어 올랐다. 하지만 친구를 혼낼 방법이 없었다.

돌이켜보면 그 친구는 그때 벌써 수동적 공격을 배운 것 같다. 규정에 반항할 수 없고 감히 선생님에게 대들지 못하자 꾸물거리는 방식으로 선생님의 화를 돋웠다. 이 방식은 매번 효과가 있었다. 수동적 공격형 사람들은 자신의 목표인 상대방에게 직접적으로 분노하지 않는다. 하지만 어떤 방식으로든 상대방을 무력화시키기 때문에 늘 마시막에는 강자 앞에서 승자가 된 기분을 느낀다.

표출되지 못한 분노를 차곡차곡 쌓아가는 수동적 공격

수동적 공격성은 친밀한 관계에서만 나타나지 않고 직장 동료나 친구들 사이에서도 나타날 수 있다. 그들은 보통 겉으로는 당신에게 동의하고 만족시키지만, 막상 실제로 무슨 일을 하면 항상 작은 실수로 당신을 짜증나게 한다.

같이 일하기로 한 동료는 항상 갑자기 연락이 안 되고, 제시간에 오기로 한 친구도 매번 지각하면서 당신 앞에서 항상 의기소침한 모습을 보인다. 이런 상황에 부딪히면 당신은 짜증만 날 뿐 그에게 크게 화를 낼 수도 없다. 상대방이 정말 큰 실수를 하지 않았기 때문이다. 모든 일이 화를 낼 정도로 중대한 사안도 아니기에 만약 당신이 이걸로 화를 낸다면 오히려 당신이 별것도 아닌 일을 사사건건 따지는 사람처럼 보일 수 있다.

늘 기름이 바닥날 때까지 차를 쓰고는 주유하는 것을 여러 번 깜박하는 남편에게 친구가 화를 쏟아내자 남편이 이렇게 받아쳤다고 한다.

"내가 일부러 그런 게 아니잖아. 별일도 아닌데 뭐 그렇게 화를 내고 그래?"

수동적 공격형 사람과 같이 지내면 아무 일 없는 것처럼 평화로

워 보이지만 실제로는 정말 견디기 어렵다.

실생활에서 이런 방법을 쓰는 사람이 많아서 우리도 모르게 무의식적으로 '수동적 공격'을 사용하기도 하는데, 가끔 말로는 동의해 놓고 뒤에서는 미루거나 잊어버리고 핑계를 대거나 대충대충 얼버무리다가 결국 마지막에 아예 손을 떼는 경우다.

수동적 공격이 딱히 잘못이라고 할 수는 없다. 그 이면에도 나름의 고충이 있다. 이들은 분노를 표현할 권리를 박탈당했기 때문에 자신의 분노를 억누르고 숨길 수밖에 없고, 점점 분노와 감정을 표현하지 못하는 사람이 된다. 하지만 내면의 균형을 잃도록 내버려둘 수가 없어서 분노를 표현할 수 있는 다른 방법을 찾을 수밖에 없다. 이것은 일종의 자기 보호이지만 확실히 건강하고 긍정적인 해결책은 아니다.

수동적 공격에 대처하는 몇 가지 현명한 방법

수동적 공격형인 사람이 당신의 부모나 친구, 배우자라면 어떻게 대처할 것인가? 몇 가지 방법을 살펴보자.

1. 상대를 궁지로 몰지 마라

수동적 공격형의 사람과 함께 지내는 과정에서 당신은 지나친 통제와 비난, 트집을 잡는 등 과도한 압박을 가했을 가능성이 있다. 이 관계에서 불합리한 요구를 한 적이 있는지, 과격한 태도를 보였는지, 상대방을 여러 번 공격했는지 등을 스스로 돌아볼 필요가 있다.

2. 감정 표현의 기회를 만들어라

'분노-수동적 공격-분노'는 인간관계에서 나타날 수 있는 관계적 패턴이다. 이러한 패턴은 두 사람의 분노를 서로 주고받게만 할 뿐 절대로 분노를 해소할 수 없다. 따라서 상대방에게 긍정적으로 감정을 표현할 기회를 주고 자신의 감정과 생각을 직접적으로 표현하도록 격려해야 이 악순환을 끊고 서로가 분노에서 벗어날 수 있다.

3. 경계 및 결과 설정

수동적 공격으로 인한 상처는 가볍게 지나가지 않으므로 수동적 공격자에게 당신의 마지노선이 무엇인지 확실히 알려줘야 한다. 대수롭지 않아 보이는 사소한 일이라도 수동적 공격은 심각한 결과를 초래하여 신뢰를 무너뜨리고, 심지어 관계를 파괴할 수 있다는 것을 명확히 짚어줄 필요가 있다. 이것은 수동적 공격에 대한 일종의 제약이다.

미국의 심리학자 토머스 무어 Thomas Moore 는 '분노를 표현할 줄 아는 사람하고만 친구가 되는 것이 좋다'고 말했다. 분노를 표현하면 일시적인 긴장감이 조성되지만 실제로는 나쁜 감정과 갈등을 긍정적으로 해결할 수 있으며 성격은 좋아 보이지만 분노를 잘 표현하지 못하는 사람은 우리가 생각하는 것만큼 우호적이지 않고 수동적인 방식으로 반격할 수 있다.

관계의 악순환

헤어지지도 사랑하지도 못하는
이별 마니아

매일 연애 때문에 몸부림치며 아파하고 즐거워하는 여러분에게 고마움을 전하고 싶다. 여러분의 이야기 덕분에 지금까지 계속해서 글을 쓸 수 있었다. 아래 사례도 마찬가지다.

A: 아무래도 헤어져야 할 것 같아.

B: 적당히 해라, 내가 그 말을 몇 번째 듣는지 모르겠다.

A: 아니야, 이번에는 달라. 진짜라니까!

B: 매번 그렇게 말했거든.

A: 야, 나도 어이가 없어서 말이 안 나와.

B: 뭔데? 왜 그래? 자세히 좀 얘기해 봐.

내가 말하고 싶은 것은 위 대화의 그녀만이 만났다 헤어지기를 반복하는 것이 아니라는 점이다. 은연중에 헤어짐을 반복하는 연애는 피할 수 없는 숙명이 돼 버린 느낌이다. 걸핏하면 헤어지자고 하고 얼마 지나지 않아 다시 만나기도 하고, 아무 일 없는 듯 '보고 싶다'는 한마디로 금방 화해한다. 그러다 또 3일 만에 다시 헤어지는 장면을 연출하는 커플이 많은데, 그들의 연애는 '이별-재회-이별'의 패턴이 반복되어야 관계가 유지될 수 있을 것 같다.

나는 먼저 상대방이 반복적으로 이별을 말하는 근원이 어디에 있는지부터 하나하나 분석해 볼 필요가 있다고 생각한다.

원인 1. 존재감과 사랑받고 있음을 증명하고, 안정감을 얻기 위해

연애에서 관심과 사랑을 얻는 합리적인 방법은 자신을 더 매력적으로 만들고 상대방을 위해 적당히 베풀며 적극적으로 친밀한 관계를 유지하는 것이다. 반면 '이별 마니아'의 사람들은 사랑과 관심을 얻기 위해 부정적인 방법으로 접근한다. 일반적으로 그들의 속마음은 이렇다.

'나에게 잘해주지 않으면 헤어질 수밖에 없어. 네가 나를 정말 사랑한다면 날 붙잡겠지. 그렇지 않으면 나를 정말 사랑하는 것이 아

니야.'

이런 생각은 대부분 어린 시절의 경험과 관련이 있다. 그들이 세상과 처음 연결되었을 때 많은 관계 안에서 대립이나 소외를 겪었을 수 있고, 가정에서도 항상 긴장된 분위기에 싸여 있었을 수도 있다. 이런 상황에서 적극적으로 문제에 대처하기는 어렵다.

그들은 어릴 때부터 장난꾸러기였고 일부러 실수를 저지르는 등의 방식으로 부모가 항상 관심을 두도록 했다. 부모가 훈계나 체벌을 할지라도 적어도 관심은 받을 수 있고, 그 안에도 사랑이 있다고 생각해서 크게 서운해하지 않았다.

우리는 상대에게 질책이나 혼이 나는 것보다 더 무서운 것이 무시당하고 냉담한 것이라는 걸 잘 알고 있다. 일단 자녀가 말을 잘 듣고 문제를 일으키지 않으면 부모는 안도감을 느끼고 자녀에게 관심을 기울이는 데 많은 시간과 에너지를 투자하지 않는다. 이 점이 바로 자녀가 성인이 된 후 연애를 할 때 가장 두려워하는 상황이기도 하다.

안정감 부족으로 계속해서 이별을 얘기하는 사람은 그 상황이 고통스럽긴 하지만, 잠재의식에서 이런 관계를 즐긴다. 자신의 입에서 '이별'이라는 단어가 나올 때마다 상대방이 불안해하고 자신을 붙잡는 행위가 자신을 사랑한다는 사실을 증명하는 것이라고 생각해서다. 이러한 방식은 상대방의 마음을 아주 빠르고 직접적으로 검증할 수 있다. 겉으로 보기에 이별은 관계를 파괴하는 행위이지만, 오히려 그들의 마음 깊은 곳에 자신의 안정감을 구축할 수 있다. 그러다 막상 상대방이 이별에 동의하면 그들은 결코 이를 받아들이지 못할 것이다. 사실 그들이 받아들이지 못하는 것은 자신의 사랑이 아직 끝나지 않았고 다시 예전처럼 사랑받고 싶기 때문인데 이것이 관심을 얻는 두 번째 방법이다.

이런 유형의 사람들은 실제로 연애 관계에서 자기 가치를 새로 세우기 원하지만, 이는 잘못된 방법이다. 만약 당신의 연애 상대나 당신이 그런 사람이라면 소통을 통해 이 악순환을 해결하는 것이 좋다. '이별-재회-이별'의 반복은 한쪽에는 어느 정도 안정감을 줄 수 있지만 다른 쪽의 자존심을 상하게 하고 두 사람의 감정을 소모시킨다는 사실을 알아야 한다.

어떤 관계도 오랫동안 균형을 잃어서는 안 되며 문제를 해결하기 위해 한쪽이 항상 희생하거나, 너무 많은 에너지를 소비하면 관계가 약해지고 결국 헤어지고 만다. 따라서 소통을 통해 이별과 재회를 반복하는 이유를 확인할 필요가 있다. 만약 안정감과 사랑을 느끼고 싶어서 이 방법을 선택했다면 보다 적극적으로 상대방에게 친밀한 관계에 도움이 되는 변화를 주어야 한다. 건강하고 견고한 관계는 '공격과 파괴'로 만들어지는 것이 아니라 '올바른 사랑과 헌신'으로 세워진다는 것을 명심하자.

원인 2. 연극성 인격장애의 발현 Histrionic Personality Disorder

로맨스 소설을 너무 많이 읽은 후유증일 수도 있지만 그들은 연애 중에 반드시 커다란 변화가 일어나야 마음을 놓는다. 1초 전까지만 해도 '무슨 일이 있어도 너와 헤어지지 않을 거야.'라며 사랑을 속삭이다가 갑자기 '너는 네 갈 길 하고 나는 내 갈 길 가는 거야.'라며 서로 상관없는 사람인 척 차가운 모습을 보인다. 이보다 극단적이고 변덕스러울 수 있을까.

이런 유형의 사람들은 헤어지자고 하는 흔한 표현 외에도 종종 헤어질 때 영화 같은 분위기를 만들어낸다. 이별을 이야기할 때도 극한 감정에 빠지고 이별의 슬픔을 지나치게 부각시켜 이것이 재결합을 위한 필수 과정이라는 사실을 암시한다. 당신이 그녀를 붙잡는 장면의 대사를 잘 연기하기만 하면 두 사람의 관계는 다시 좋아질 수 있는 것이다.

그들이 헤어짐과 달래기를 반복하는 이유는 정말 헤어지고 싶어서가 아니라 다만 사랑에 대한 인상이 사춘기 때 읽었던 애틋한 로맨스 소설에 머물러 있기 때문이다. 그들은 한눈에 보이는 사랑을 싫어한다. 연애를 하면서 재미와 극적 효과를 느껴야 했기에 만남과 헤어짐을 반복하면서 마치 영화에서나 보는 운명 같은 사랑을 찾으려는 것이다. 이런 사람과 만나고 있다면 힘들겠지만 상대방과 함께 호흡을 맞춰 '연기'를 해보는 건 하나의 해결책이 될 수 있다.

단, 연애는 단지 만났다가 헤어지는 것이 아니라는 사실을 상대방에게 이해시켜야 한다.

연극성 인격장애는 목표를 세울 수 있다면 연애의 즐거움을 높일수 있지만 상대방의 긍정적이고 올바른 지도가 필요하다. 이런 관계는 상대적으로 지치기 쉬운데 그들의 연인이나 배우자가 이 '드라마'의 감독이 되어야만 진짜 해피엔딩으로 마무리될 수 있다.

원인 3. 충동적인 감정의 반복

관계에 문제가 생겼을 때 격한 감정을 느끼면 충동적으로 이별을통보한다. 그리고 헤어진 후 계속해서 상대방의 좋은 기억을 떠올리며 자신에게 문제가 있다는 사실을 깨닫고 다시 만나기 위해 애를 쓴다. 이 경우가 가장 흔하다.

아마도 두 사람의 관계에는 확실히 문제가 존재할 것이다. 그렇기에 두 사람은 여전히 계속 삐걱거리고 말다툼을 멈추지 않을 것이며, 충동적으로 또 누군가가 다시 헤어지자는 말을 꺼내게 될 것이다. 근본적인 원인은 행동과 인지가 지나치게 감정에 좌우되어상대방을 문제의 주범으로 삼을 때 분노와 실망, 상심이 밀려오는데, 이때 관계를 망치는 행동을 하기 쉽다. 그러나 마음을 가라앉히고 자기반성과 통찰을 통해 자신에게도 문제가 있음을 알게 되면낙담과 자책을 느끼고 더 나아가 관계를 회복하려는 행동을 하게 된다.

여기서 문제를 해결하는 가장 좋은 방법은 쉽게 결론을 내리거나 선택하지 않는 것이다. 감정에 휘말려 관계를 끝내고 싶을 때 냉정하게 대처하고, 자신의 감정을 통제할 수 없을 때는 문제를 해결하려고 하지 않는 것이 좋다.

원인 4. 이별을 도구로 사용해 상대방을 변화시키거나 통제하려 한다

헤어지자는 말을 자주 하는 사람 중에는 관계를 망치는 방식으로 문제를 해결하려는 이들도 있다. 예를 들어, 늦은 밤 남자 친구가 다른 여성과 미심쩍게 메시지를 주고받은 사실을 알고 기분이 나빴다. 상대방이 사과하고 잘못을 고치기로 맹세하길 바랐지만 정작 상대방은 아무 말도 하지 않고 외면하더니 적반하장으로 헤어지자고 한다. 이때 만약 당신이 헤어지는 것에 동의해 관계가 정말 끝나버릴 것 같아 아쉬운 마음이 든다면? 이별의 아픔은 달콤했던 시절을 끊임없이 상기시킬 것이고 그때 망설이기 시작한다. '그냥 단순한 메시지였잖아, 별일 아닐 거야.' 결국 그에게 미련이 남아있는 관계에서 그가 당신에게 달콤한 말을 건네면 당신은 순순히 예전으로 돌아갈 것이다.

하지만 당신의 위치는 예전과는 사뭇 다를 것이다. 원래 평등했던 관계에서 지금은 그가 무엇을 하든 모두 받아들여야 하고 감히 요구하지 말아야 한다. 그리고 다시 만나길 원한 건 당신이기 때문에 과거의 일을 다시 꺼낼 수도 없다. 이것은 당신이 상대방의 과거의 모든 행동, 심지어 미래에 다시 일어날 수 있는 가능성까지도 받아들인다는 것을 의미한다.

이렇게 되면 아무도 문제를 다시 제기하지 않기 때문에 문제가 '해결'된 것처럼 보인다. 그가 애매한 행동을 다시 반복해도 잘못을 탓할 수도 없다. 처음에 헤어지지 않겠다고 결정한 것은 받아들일 수 있다는 뜻이기에 당신의 용인은 상대방이 당신을 '통제'하는 유리한 무기로 변해버렸다.

상대방이 헤어지자고 했다가 다시 만나자고 할 가능성도 배제할 수 없다. 나는 이런 상황에서 상대에게 한두 번 기회를 주라고 말하고 싶다. 물론 자신에게도 기회를 주어야 한다. 그런데 만약 그가 여전히 당신의 관용과 선의를 이용하여 계속 상처를 준다면 즉시 멈추게 해야 한다. 그는 이런 방식으로 당신의 감정과 인생을 조종하고 있기 때문이다. 그러니 더 이상 자신의 무한한 관용과 양보로 상대방의 마음을 되돌릴 수 있다는 환상을 버리기 바란다.

많은 커플이 '이별-재회-이별'을 반복하지만 결국 유종의 미를 거두지 못하는 경우가 많다. 처음에는 죽을 것처럼 아프고 고통스럽지만 헤어짐이 습관으로 자리 잡으면 자신을 깊이 반성하고 관계를 되돌아볼 기회를 얻기가 어렵다. 그것은 자신을 힘들고 지치게 할 뿐, 언젠가 무감각해지면 결국 '헤어지자면 헤어지지 뭐, 어차피 헤어져야 할 것이라면 말이야.'라고 생각하게 한다.

만일 상대방이 이미 반복해서 이별을 제안했고 당신도 이 반복되는 상황에 지쳤다면 두 사람의 관계가 그저 반복되는 이별의 문제일 뿐은 아닌지 잘 생각해 보길 바란다.

사랑은 아름다운 그림과 같아서 매번 이별을 겪을 때마다 주름이 하나씩 남는다. 물론 여전히 아름답지만 처음처럼 다시 평평해지기는 어렵다.

운명적인 만남

운명적 사랑을 꿈꾸는
철없는 당신에게

싱글인 사람에게 왜 아직도 싱글이냐고 물으면 십중팔구 같은 대답이 돌아온다.

"아무나 만나고 싶지 않아요."

이 대답에는 문제가 없다. 남자(여자) 친구든 배우자든, 일이든 누구도 자신을 '아쉬운' 상태로 난처하게 만들고 싶지는 않을 것이다.

우리가 이토록 열심히 노력해서 더 나은 사람이 되려고 하는 것은 아쉬운 대로 누군가를 만나서 적당히 만족하며 한평생을 살기 위해서가 아니다. 지금의 나는 여전히 같은 생각을 고수하고 있지만 한편으로는 이 완고하고 반항심 가득한 감정을 내려놓고 오히려 더 구체적인 문제를 고민하고 있다.

'도대체 적당히 만족하지 못한다는 것은 무엇일까?'

여성 K는 1년 동안 10번이 넘는 소개팅을 했지만 그들 중 계속 만나고 싶은 사람은 단 한 명도 없었다고 한다. 그녀의 어머니는 그녀가 너무 까다롭다고 생각했다.

"남자가 다 거기서 거기지, 너무 따지지 마."

하지만 그녀의 생각은 달랐다. 아쉬운 대로 아무나 만나고 싶지 않았다.

"저는 아무나 만나고 싶지 않아요. 그게 잘못인가요?"

물론 그녀 말이 맞지만 문득 10명에 가까운 남자 중 아무도 그녀의 기준에 미치지 못한 이유가 궁금했다.

"소개팅했던 남자들이 하나같이 마음에 들지 않았나요?"

"음, A는 저보다 키가 3cm밖에 크지 않아서 잘 어울리지 않을 것 같았고, B는 업무차 출장이 잦아서 데이트할 시간이 많지 않을 것 같았어요. 또 C는 약속 시간을 지키지 않아서 날 무시한다는 생각이 들더라고요."

그런데 마지막 소개팅남에 대한 이야기를 할 때 어딘지 모르게 아쉬움이 묻어났다.

그 남성은 모든 면에서 그녀의 이상형에 가까웠지만 취미에 대한 이야기를 나눌 때 기대가 사라졌다는 것이다. 집돌이인 그는 대부분의 시간을 집에서 보냈다. 어쩌다 가끔 운동을 하러 가기도 하지만 주로 게임을 한다고 했다. 그녀는 집돌이를 별로 좋아하지 않아서 단번에 자신과 어울리지 않는다고 선을 그었다. 어떻게 보면 이런 표면적인 부분만으로 거절하는 것은 참으로 안타까운 일이 아닐 수 없다.

그렇다면 자신이 생각했던 배우자의 기준에 살짝 미치지 않는 사람과 교제하는 것을 '어쩔 수 없는, 그냥 그런 만남'이라고 할 수 있을까? 게임을 좋아하는 소개팅남을 생산적이지 않다고 정의하는 것과 남자 친구에게 가방을 사달라는 여성을 '된장녀'라고 정의하는 것은 사실상 같은 이치인데, 모두 편파적인 사고에서 비롯된 꼬리표일 뿐이다. 우리가 '된장녀'로 정의되어 억울함을 느낄 때도 같은 가치 판단을 하고 있지 않을까?

위에서 그녀가 언급한 이러한 '단점'은 확실히 결정을 내릴 때 망설이게 하지만 배우자를 선택하는 기준을 바꿀 수 있는 여유가 있다면 이러한 '결점'은 실제로 그의 특징에 불과하다는 사실을 깨닫게 된다.

운명적 사랑
불행을 타고난 운명

우리가 진정으로 만족하는 연애나 결혼을 할 것인지 결정하는 것은 상대방이 어떤 사람인지가 아니라 '우리가 사랑을 어떻게 바라보는가'다.

사랑을 바라보는 관점은 관계에 대한 암묵적 인식과 관련이 있다. 심리학자 레이먼드 니C.Raymond Knee의 '관계에 대한 암묵적 이론Implicit Theory of Relationships'에서는 사랑을 바라보는 관점을 '운명론Destiny Belief'과 '성장론Growth Belief'의 두 가지 유형으로 구분한다.

앞서 사례로 든 여성 K는 '운명론적 관점'을 가지고 있었다. 그녀는 사랑에 관해 낭만적인 환상을 품고 있는 동시에 배우자를 선택하는 기준을 아주 명확하게 세워두었다. 자신의 이상적인 기대를 충족시키는 한 사람이 존재하리라 생각했고, 그런 사람을 만나야만 사랑에 빠질 수 있다고 믿었다. 기대에 미치지 못하는 사람을 만나면 사랑은커녕 이성적인 감정도 느끼지 못하고 함께 할 이유를 찾지 못했다.

이와 반대로 '성장론적 관점'을 가진 사람은 배우자에 대한 뚜렷한 기준을 갖고 있지 않기 때문에 이런 사람들은 두 사람이 함께 열심히 관계를 만들어가고 성장할 수 있으며 사랑을 키워갈 수 있다고 생각한다. 구체적인 상황에 적용해 보면, 운명적인 사랑을 믿는 사람은 소개팅을 할 때 상대방이 자신과 잘 맞는 사람인지 초반부터 제대로 파악하려고 하고 만약 자신의 이상적인 기준에 맞지 않으면 운명이 아니라고 생각하고 일찌감치 관계를 정리한다. 반면에 성장론적 사랑을 믿는 사람은 자신을 끌어당기는 상대방의 매력을 찾아내고 자기 기대에 미치지 못하더라도 서로 노력해서 점점 더 발전시켜나갈 수 있다는 사실을 믿고 긍정적인 시선으로 상대방을 바라본다.

꼭 연애할 때만이 아니라도 우리는 어렸을 때를 떠올려 보면 시험에서 분명히 99점이라는 좋은 점수를 받았는데도 부모님은 여전히 실수해서 틀린 한 문제에 집착해 아쉬운 표정을 지었던 경험이 있다. 100점에 가까운 점수를 받았다는 것만으로도 칭찬받아 마땅한데 말이다.

우리는 상대방의 장점을 보고 단점에는 더욱 관대해야 한다. 우리의 주관적인 기준은 비현실적인 기대의 영향을 받을 수 있기 때문에 자신의 주관적인 기준을 완전한 잣대로 삼아서는 안 된다.

운명론적 애정관에 빠져 있으면 사랑과 점점 멀어져 연인 관계로 발전할 수 있는 상대를 놓칠 뿐만 아니라 운 좋게 그런 사람을 만나도 감정을 지속하기가 어렵다. 운명적인 사랑에 사로잡힌 사람은 연애할 때도 자신의 기준만을 고수하고 상대방의 행동이 자신의 기대에 미치지 못하면 의심을 품는다. 위에서 언급한 그녀는 자신의 배우자는 게임을 해서는 안 된다고 결정하고, 크게 품위를 손상하지 않을 정도의 행동을 '치명적인 실수'로 간주하며 그 사람과의 관계 전체를 부인했다. 사실 사람들은 대개 운명론적 사랑을 믿는다. 그들은 갈등이 생겼을 때도 '상대방이 나와 맞지 않기 때문에 관계를 이어갈 수 없다'는 운명론적 논리로 문제를 해결한다.

성장형 사랑
알아갈수록 더욱 건강해지는 사랑

성장론적 사랑을 믿는 사람은 관계를 잘 다스린다. 그들은 한 가지 특징이나 행동으로 상대방을 쉽게 판단하지 않는다. 함께 지내는 동안 그들은 서로를 향해 마음을 열고 이전에는 이해하지 못했던 상대방의 특성을 깊어진 관계의 증표로 생각할 것이다. 이는 누군가와의 관계가 점점 깊어지고 좋아질 때만 상대방을 완전히 이해할 기회가 생기기 때문이다. 갈등이 발생하면 자신이 상대방을 불편하게 한 건 없는지 고민하거나 자신이 지나치게 주관적인 판단을 한 건 아닌지, 이 문제를 함께 해결하고 관계를 더욱 공고히 하기 위해 무엇을 할 수 있을지 생각한다.

사랑은 결코 쉬운 일이 아니다. 물론 노력한다고 되는 것은 아니지만 그렇다고 해서 아무것도 할 수 없다는 뜻은 아니다. 적어도 우리는 사랑에 대한 관점을 되돌아보고 배우자에 대한 기대치를 조정하며 어느 정도 현실에 맞게 바꿀 수 있다. 상대방이 반드시 성실하고 착해야 한다는 등 타협할 수 없는 원칙에서는 운명적인 사랑의 요소를 버리지 말아야 하지만 낭만적인 환상에 젖은 고집스러운 잣대는 굳이 고수할 필요가 없다.

PART 2

낯선 진짜 자아와의
첫 만남

4장

가짜 자아를 발견하다

심리적 '유모'

◆

**당신은 지금껏 젖을 뗀 적이 없는
'거대한 아기'다**

요즘 들어 자주 드는 생각이 있다. 왜 사람들은 내가 매일 할 일 없이 위챗의 친구 리스트와 통화 목록을 훑어보며 누군가의 걱정을 해결해 주기 위해 연락을 기다린다고 생각할까?

가끔 위챗 메시지가 너무 많이 와 있을 때는 내 에너지가 한정되어 있다 보니, '무소식이 희소식이겠지' 하며 그냥 넘길 경우가 있는데, 그럼 왜 답장이 없냐며 어디가 아프냐고 물어보는 사람들이 있는데, 사실 나는 아프지 않았다.

'어른 아이'가 되어 버린 당신

상대방이 뛰어난 기술이나 역량을 가지고 있으니 자신의 고민과 어려움을 해결해 주어야 한다고 생각하는 사람들이 있다. 그들이 가진 생각은 다음과 같다.

'너 심리학 전공이잖아, 그럼 내가 우울증에 걸린 건지 아닌지 한 번 봐줄래?'

'너 컴퓨터 잘하잖아. 그럼 내 이메일이 왜 로그인이 안 되는지 알겠네!'

'요즘 잘 나가는 미디어 커뮤니케이션 전공했잖아, 내가 제대로 쓴 건지 한번 봐줄래?'

그리고 상대방의 인생 경험에 근거해서 도움을 청하기도 한다.

'뉴질랜드에 가본 적 있어? 거기에 뭐가 재미있는지 얘기 좀 해줘.'

'연하남이랑 사귀어 본 적 있잖아, 어때? 연하는 어떤지 얘기 좀 해줘.'

이 상황이 거북하고 어려운 사람도 있을 것이다. 물론 서로 좋게 포용하고 이야기해 주면 좋겠지만 그렇지 않다고 해서 꼭 이기적이고 차갑다고 이야기할 수 있을까?

받은 메시지에 회신을 안 한 것뿐인데, 그렇다고 해서 자신에게 '이기적'이라는 꼬리표를 붙일 필요는 없다. 만약 우리가 정해진 근무 시간에 이런 대수롭지 않은 질문에 답장하느라 프로젝트 진행을 지연시키고, 동료의 업무와 퇴근 시간에 지장을 주고, 심지어 성과에도 영향을 미쳤다면 이런 행동이야말로 직장에서는 이기적인 행동이 될 것이다.

'내가 당신을 잘 알고 있고, 당신이 어떤 능력/경험이 있는지 알기 때문에 당신은 나를 도와주어야/대답해 주어야 한다'라고 주장하는 사람들을 보면 내가 이름을 붙인 '어른 아이'로 남고 싶어 하는 것 같다.

이런 유형은 마치 청소년 시기처럼 나약하고 책임감과 독립성이 심각하게 결여되어 있다. 여기에 도덕적 고자세를 유지하며 상대방을 비난하고 착취하는 습관의 합병증까지 따라온다.

이러한 착취는 온갖 방법을 가리지 않는다. 그들은 상대방과 잘 지내는지 또는 당신에게 이익을 주는지 상관하지 않는다. 다시 말해서, 무슨 일이 생겨서 상대방에게 도움이나 이익을 얻을 수 있을 것 같으면 어떤 대가를 치르더라도 탐욕스럽게 상대방에게 집착하고 요구한다. 그런 뒤로는 아무런 보답도 없이 떠나버리고 다시 문제가 생기면 또 돌아와 같은 방식을 반복한다.

누구든 보살피려는 '유모병'도 중독이다

간혹 도움을 청하러 오는 사람을 만나면 '여기까지 찾아오기 쉽지 않았겠다'는 생각에 괜히 마음이 쓰여서 되도록 시간을 내서 이야기를 나누는 편이다. 그러고 나면 상대방은 '와! 놀라운 깨달음이에요.', '답답했던 가슴이 뻥 뚫렸어요.'라며 이후 감사의 인사를 전한다. 그리고 매우 형식적으로 '정말 친절하시네요.', '많은 도움이 됐어요.'라는 말을 덧붙이며 내 인간성을 칭찬한다. 그러면 나는 흐뭇해하며 다른 사람을 돕는다는 건 참 좋은 일이라고 생각하게 된다. 비록 이 사람이 친구의 친구의 처제의 동창의 동생일지라도 그 순간에는 자아도취에 빠져 이 사람의 문제를 분석하고 해결책을 제시해 줄 만큼 친밀한 관계가 아니라는 사실을 까맣게 잊어버린다.

어떻게 대답해야 할지 모르는 질문을 받았을 때는 더 심하다. 딱 한 번 만난 적 있는 위챗 친구가 나에게 인생의 난제를 가져온 적이 있었다. 그녀가 느꼈을 불안과 걱정, 괴로움을 대신 짊어진 채 내 인생의 어려움처럼 나는 밤새도록 치열하게 고민했다. 마침내 생각을 정리하여 그녀에게 몇 단락에 걸쳐 답장을 해줬다. 그런데 돌아온 답은 고작 '감사합니다. 이 문제는 더 이상 생각하지 않기로 했어요.'라는 말이었다. 힘들게 고민해서 답을 줬는데 더는 생각하지 않기로 했다니, 황당하긴 했다.

나는 내가 앞서 보여준 다른 사람을 돕는 것을 '유모병'이라고 이름 붙였다. 이런 증상이 있는 사람들은 항상 좋은 어머니(아버지)가 되기를 원하고 다른 사람을 책임지거나 지나치게 많은 관심을 기울인다. 이 합병증은 누군가 당신을 훌륭한 부모로 여기면 더욱 다른 사람을 돕고 싶고, '와, 난 정말 대단해.'라는 감정에서 헤어 나오지 못한다.

'어른 아이'와 '유모병'은 쌍을 이루거나 무리를 지어 나타나는 경우가 많은데, 이들은 불치병에 걸려서 서로 영양을 공급한다. '어른 아이'는 다른 사람에게 도움을 요청하는 데 점점 더 익숙해지고 '유모병' 환자는 사람들을 구하기 위해 물불 가리지 않고 자신을 희생한다. 그 결과 그들은 분별력을 상실하고 한계를 잃어버리게 되고, 이런 관계 패턴이 굳어지면서 급기야 무엇이 자신의 인생인지조차 망각한다.

'어른 아이'는 타인의 시간과 공간을 침범하거나 착취하면 안 된다는 사실을 잊어버리고, '유모병 환자'도 자신의 삶을 책임지는 일이 쉽지 않다는 사실을 완전히 잊어버리고 만다.

나만의 외딴섬을 아름답게 가꾸는 삶

다행히 이제라도 문제를 깨달았으니 아직 늦지 않았다. 하지만 이 병을 치료하는 과정에서 같은 일을 겪을 수 있다.

지난 주말, 나는 도움을 청하는 '어른 아이'의 메시지를 무시하고 친구들과 여유로운 오후를 즐기며 SNS에 게시물을 올렸다. 그런데 잠시 후 불만 가득한 메시지가 도착했다.

'바쁘셔서 답장을 안 하신 줄 알았는데, 아니었네요.'

그렇다. 나는 내 오후를 즐기느라 바빴다. 이렇게나마 주어지는 짧은 휴식은 마음을 가다듬고 긴장을 풀어줘서 계속해서 힘든 일을 처리할 수 있게 해준다. 나는 '어른 아이'의 인생과 아무 관계가 없다.

이때, 당신에게 통찰력이 없고 내면이 약하면 도덕적 압력을 견딜 수 없을 것이다. 언뜻 보기에 오후를 즐기는 것보다 다른 사람의 감정 문제가 더 중요하고 시급하기 때문이다. 하지만 당신의 인생에 이런 방해가 계속된다면 이건 누구의 책임일까? 모든 일에 도움을 청하는 문제해결 방식을 포기하지 못한다면 진정한 성인으로 성장할 수 있을까? 그의 평생을 항상 책임질 여유가 없다면 지금 당장 그를 심리적 이유斷乳, 즉 젖을 떼게 하는 것이 좋다.

당신 자신이 만일 '어른 아이'라면 당신의 입장을 대신해 줄 수 없고, 당신의 상황을 충분히 이해할 수 없는 사람이 당신을 위해 모든 여정을 안내하고 그저 형식적인 대답을 한다면, 이것이 정말 당신에게 도움이 되리라 생각하는가?

모든 사람은 외딴섬이다. 이 외딴섬은 홀로 자립해야 더욱 잘 살아남는다. 다른 사람의 외딴섬 사이의 거리를 명확히 알고 어떻게 하면 적정한 선을 넘지 않고 왕래할 수 있는지 깨달아야 한다. 먼저 자신의 외딴섬을 잘 관리하는 것을 기반으로 다른 섬에서 일어나는 일에 지나치게 간섭하지 않고 침범하지 않으며, 건강한 내부 생태 순환 체계가 있어야만 자신의 영역이 건강하게 번성하고 발전할 수 있다.

자기혐오의 투사

다른 사람의 열등감에
대가를 치르지 마라

　여성 J는 나에게 사랑과 일에 있어서 두 가지 갈림길에 서 있다며 고민을 토로했다. 첫 번째는 사랑이다. 올해 28살인 그녀는 친구에게 소개받은 상대가 나쁘진 않지만 딱히 호감이 느껴지진 않았다. 오히려 호감이 생긴 상대는 같이 일하는 회사 동료였다. 그런데 가까워지고 싶은 마음 한켠에 서로 잘 맞을지가 의문이다. 두 번째는 일이다. 지금 회사 사정이 그렇게 좋지 않아서 이직을 고민 중이다. 오랫동안 가고 싶었던 회사가 있는데 수준급의 영어 실력을 요구해, 이참에 주말반에 등록해서 공부를 더 해볼까 생각 중이다.

질투에 눈이 먼 조언자를 조심하라

자, 그녀에게는 자신의 경력을 위한 목표가 있고 좋아하는 사람이 있다. 두 마리 토끼를 잡는 것은 그렇게 어려워 보이지 않는다. 그녀가 갈림길에 서 있는 건 분명하지만 멀리서 반짝이는 불빛이 보이는데, 무엇을 고민하는지 모르겠다. 그런데 그녀의 시작은 이랬다.

"저에게 친한 친구 A가 있어요. 그런데 그 친구가 하는 말이…."

흥미롭거나 비참한 많은 이야기는 주로 "나에게 이런 말을 하는 ○○가 있다."라고 시작한다.

많은 사람의 인생이 위와 같은 갈등을 겪고 있는 그녀와 마찬가지로 친한 친구와 동료의 영향에서 헤어 나오지 못하는 경우가 많다.

사랑이라는 감정을 생각하면 소개팅 상대를 만나야 할지 아니면 용감하게 호감이 가는 동료에게 고백해야 할지 고민되고, 자신의 경력을 생각하면 회사에 계속 남아서 안정적인 삶을 영위할지 다시 취업의 전장으로 뛰어들지 쉽게 결정하지 못했다.

그런 그녀에게 친구 A는 보수적이고 안전하고 편안한 방법을 선택하거나 자신과 같은 길을 선택하라고 조언했다. A가 그렇게 조언해준 이유를 물어보자 그녀는 A가 직접 경험해 본 결과 이 선택이 최선임을 증명했다고 말했다.

A는 같은 대학 동창으로 그녀와 동갑내기였다. 워낙 외모가 출중하고 인기가 많았던 A는 학업과 취업에는 별로 관심이 없었다. 그리고 졸업한 지 얼마 되지 않아 지금의 남편을 만나 결혼했다. A의 남편은 넉넉한 환경에서 자랐지만 큰 야망은 없는 남자였다. 힘들게 일하지 않고도 몇 년을 풍족하게 지냈다. 그러나 최근 전통기업들이 줄줄이 쇠퇴하면서 남편의 사업도 타격을 받았다. 졸업 후 5년이 지나 다른 친구들이 열심히 노력해서 작지만 조금씩 성취해가는 모습을 보면 오히려 다른 친구들이 A보다 더 잘 지내고 있다는 생각이 들기도 했다.

이런 경험 때문인지 A는 너무 애쓰면서 살지 말라고 했다. 그렇게 많은 돈을 들여 영어를 배운다고 해서 반드시 성공하는 것도 아니고, 지금 하는 일은 이미 전문가가 되었으니 차라리 돈과 시간, 에너지를 본인을 꾸미는 데 쓰라고 했다. 또 연애에서도 너무 목표를 높게 잡지 말고 소개팅한 상대가 믿을 만하면 잘해보라고 했다. 그리고 의미심장하게 한 마디를 덧붙였다.

"내가 대학 다닐 때 열심히 살을 빼고 좋은 이미지를 유지하려고 애써서 그나마 남편 같은 사람을 겨우 만난 거지. 그때 서두르지 않았으면 아직 싱글이었을지도 몰라. 사실 우리 정도의 학력이나 집안으로는 좋은 직장과 배우자를 찾기 어렵지. 남성들은 항상 젊고 예쁜 여성을 좋아하거든. 그러니까 더 꾸미고 가꿔야 해. 물론 소개팅했던 사람도 붙잡아 두고. 나중에 괜한 후회하지 말고 말이야."

얼핏 들으면 그녀를 진심으로 배려하고 생각하는 것 같지만 말한 마디마다 또 다른 의미가 숨겨져 있는 것 같다.

"너도 알다시피 나는 그다지 의욕도 없었고 가진 건 외모뿐이었는데도 결과가 이 정도밖에 안 되잖아. 너는 이미 나이도 많은데다가 예전만큼 젊고 예쁘지도 않잖아. 너무 애쓰지 마, 그런다고 더 잘 살 수 있는 것도 아니야."

나는 처음으로 그녀에게 A의 조언을 신중하게 들을 필요가 없다고 단호하게 말했다.

A의 어두운 마음을 비방하려는 것도 아니고, 이 또한 진심이 아닌 걸 알지만 그가 내면의 불균형이 깨진 상태에서 누군가에게 조언한다는 것은 굉장히 위험한 일이었기 때문이다.

많은 사람에게 '보수적이고 안전하고 편안한' 선택은 나쁘지 않은 선택이지만 아직 젊은 나이인 J에겐 바람직하진 않다. 28살이면 아직 창창한 미래를 누릴 수 있는 나이고 무엇보다 이미 사회의 시련과 감정의 기복을 겪었음에도 여전히 긍정적으로 일과 사랑을 추구하려고 하는데 굳이 시도하지 않을 이유가 있을까? 사랑하는 사람을 얻지 못하더라도, 더 나은 직업을 갖지 못하더라도 모든 경험은 배움을 낳는다. 미래의 어느 날 친구와 꼬치구이를 먹고 술에 거나하게 취했을 때, 그녀도 그때 그렇게 하길 잘했다고 후회 없이 말할 수는 있을 것이다. 아무것도 노력하지 않는 삶이 정말 마음을 따라 내린 선택이었을까?

질투심이 많은 사람의 심리적 동기

종종 내면의 균형이 흔들리고 내면의 소리가 잘 들리지 않으면, 크게 애쓰지 않고 성급하게 자신의 문제를 주변 사람들에게 떠넘기는 사람들이 있다. 하필이면 이런 유형의 사람들의 주변에 말 많은 사람들이 친한 친구이거나 선배인 경우가 있다. 그러나 이들은 좋은 조언자는 아니다.

그들은 인생의 한계와 내면의 불균형으로 다른 사람들도 함께 더 나은 삶을 포기하도록 끌어 내리고자 하는 경우가 있다. 아마도 그들은 좌절을 겪었기 때문에 지위가 높은 사람이 언젠가 인생의 쓴맛을 보기 바라고, 부자들이 모두 BMW에 앉아서 울기를 바라며, 심지어 허리에 손을 얹고 다른 사람이 높이 오른 후 추락하는 모습을 은근히 보고 싶어 한다.

결국 모든 것은 그들이 원하는 삶을 얻지 못한 데서 비롯된 것으로 가슴 깊은 곳에서 수치심과 열등감이 꿈틀거리고 있다. 그들은 바람이 풀잎에 스치기만 해도 매우 예민하게 반응하기 때문에 일단 열등감이 건드려지면 그들은 자신의 결함을 감추기 위해 최선을 다한다.

무의식적으로 사람들은 항상 가까운 친구와 자신을 비교하는 경향이 있다. 생활 수준이 자신과 비슷하거나 약간 뒤떨어진 사람이 자신보다 더 나은 삶을 살기 시작하면서 생기는 격차는 사람들의 마음속에 열등감을 꿈틀거리게 한다. 그리고 속으로 '원래 너는 나보다 낮은 수준이었는데, 어떻게 나보다 더 잘 살 수 있지?'라고 생각한다. 바로 이런 생각이 질투로 나타나고 권면이나 조언이라는 이름으로 둔갑해서 다른 사람의 인생을 폐허로 만들어 버리는 것이다.

그들은 밤에 잠을 이루지 못하고 몸을 뒤척이는 등 심각한 불면증에 시달리면서 더 좋은 직장과 배우자를 찾을 수 있기를 갈망하지만 선천적인 결함이나 후천적인 궁핍으로 인해 원하는 걸 얻을 수 없다는 사실에 무력감과 허탈함을 느낀다. <u>그나마 안심하고 살아갈 수 있는 것은 그들이 원하는 삶을 살 수 있어서가 아니라 자신의 상황과 비슷한 많은 사람이 동일한 상실감과 불만족 속에서 살아가기 때문이다.</u>

그러다 친구가 더 많은 것을 가지면 자신의 부족함과 열등감을 깨닫게 되고 인지부조화가 나타나게 된다. 그들은 항상 친구가 자신과 보조를 맞추며 같은 상황에 있어야 한다고 생각하기 때문이다. 이런 말도 안 되는 생각은 다른 사람의 발전과 성공이 과장되게 왜곡되어 그들을 붕괴시킬 수 있는데, 그들이 생각하는 '일치'와 '동일', '같은 수준'은 처음부터 희망적인 망상에 불과하기 때문이다.

누구에게나 발전을 추구할 여지와 더 나은 삶을 살 수 있는 가능성이 있다. 질투심이 많은 사람이 자신의 가능성이 소멸됐다고 해서 다른 사람도 그들처럼 내면의 열등감 때문에 성장을 멈춰야 할 이유는 없다. 그리고 일단 이런 열등감이 건드려지면 분노와 파괴욕을 불러일으키기도 한다.

나도 이와 비슷한 사례를 본 적이 있다. 같은 학교, 같은 반, 같은 계층으로 출발했는데 꾸준히 노력하던 친구가 앞서가자 다른 친구들이 그를 따돌리기 시작했다. 따돌림을 주도한 친구들은 다른 사람이 잘 되는 모습이 거슬리는 게 아니라 원래 같은 수준이었던 친구가 더 잘 되는 것이 견디기 힘든 것이다. 그래서 상대방을 억압하거나 따돌리고 비방하기까지 하는데 비록 무의식적이었다 하더라도 이런 표현은 그들의 자존감이 도전받은 후에 보이는 자연스러운 반응과 반격이라고 할 수 있으며, 가끔은 이로 인해 대가를 치러야 할 때도 있다.

아마도 당신과 친구들의 생활 수준의 격차가 커지면서 당신과 잘 지내던 사람들이 내면의 열등감 때문에 당신을 피하거나 멀리하고 결국에는 모르는 사이가 된 적이 있었을 것이다. 그들이 가장 서운한 건 다른 사람은 그들이 원하는 것을 얻었는데, 공교롭게도 그 다른 사람이 주변에 있던 평범한 친구라는 사실이다.

우리는 다른 사람의 삶이 나와 무슨 상관이 있냐고, 그들이 얻은 것은 그들의 것이지 나에게서 뺏은 게 아니지 않냐고 생각할 수도 있다. 그러나 질투심이 많은 사람의 마음은 그렇지 않다. 그들은 처음부터 얻을 수 없는 모든 것을 '나와 다른 사람 모두 없을 수 없는 것'으로 분류해 두었고, 만약 누군가가 얻는다면 그것은 다름 아닌 '자기 자신'이어야 한다고 생각한다. 그러므로 그들이 아직 얻지 못한 것을 다른 사람이 가지고 있는 것을 알게 되면, 그들은 질투하고 다른 사람이 자신의 것을 빼앗았다고 생각할 것이다.

우리가 질투해야 할 대상은 '더 나은 자신'이다

이런 이야기를 하는 건 내가 쓸데없이 질투하는 사람과 선을 긋

겠다는 것이 아니라 나 역시 질투하고 열등감을 느낀다는 점을 솔직하게 인정하려는 것이다. 같은 맥락에서 나를 찾아온 이 여성도 질투심이 만만치 않았다.

솔직히 질투심과 열등감을 느껴본 적이 없는 사람이 어디 있겠는가? 그렇다면 우리는 질투심을 어떻게 해소할 수 있을까?

이를 위한 긍정적이고 건설적인 방법 중 하나는 자신에게 관심을 돌리고 자신의 열등감이 어떤 상처에서 비롯되었는지를 헤아리며 자신을 보다 포괄적이고 정직하게 보는 법을 배우는 것이다. 즉, 다른 사람이 자신보다 잘 사는 것을 두려워할 때 진정한 문제는 자기 자신에게 있다는 것을 깨닫는 것이 첫걸음이다.

정신분석의 관점에서 보면 우리가 질투하는 대상이나 가상의 적은 사실 우리 자신의 일부이며, 우리 마음이 분열되어 억압된 부분이다. 그 부분은 성공해서 더 나은 삶을 살 수 있는 자신을 나타낸다. 즉, 마음속 깊은 곳에서 우리는 한때 자신이 성공했다고 믿었지만 다양한 현실적 또는 심리적 요인이 우리의 인식을 점차 바꾸고 자신을 '더 잘 살 것 같지 않은' 사람으로 분류했다.

사실 우리가 받아들일 수 없는 것은 부족한 자신에 대한 혐오감을 점차 억누르고 주변 사람들에게 투사하는 것이다. 질투를 없애고 싶으면 결국 자신에게 돌아가서 성공할 수 있는 자아를 더욱 강하게 만들어야 한다.

미국 심리학자 알프레드 아들러 Alfred Alde 는 『열등감, 어떻게 할 것인가(아들러가 전하는 열등감과 우월감의 차이)』라는 책에서 유명한 이론인 '보상작용'에 대해 언급했다. 그는 신체적 결함이나 다른 원인으로 인한 열등감은 사람을 파괴하고 스스로 타락하거나 정신질환을 앓게 할 수도 있고, 또한 자신의 약점을 보완하기 위해 강인해지려고 꾸준히 노력하게 할 수 있다고 했다.

때로는 결함이 보상으로 이어지기도 한다. 예를 들어 고대 그리스의 데모스테네스는 어린 시절 말을 심하게 더듬었는데 수년간의 고된 훈련 끝에 유명한 연설가가 되었고, 미국 대통령 루스벨트도 한때 소아마비를 앓았는데 그의 투쟁은 모르는 사람이 없을 정도로 많이 알려져 있다.

한마디로 열등감은 우리를 자극하는 원동력이 되기도 하지만 제대로 다루지 않으면 개인의 발전을 저해할 뿐만 아니라 주변 사람들의 성장에도 영향을 미칠 수 있다.

내면의 수치심과 열등감을 다스리기 전에 인생의 진짜 의미를 찾는 길에서도 먼저 진짜와 가짜를 분별할 수 있는 통찰력을 키워야 한다. 이러한 힘은 누가 열등감으로 나의 에너지를 소모하고 나의 의지를 불태우게 만들어주는지 분별해낼 수 있게 한다.

습관은 상처다

'익숙하다'는 말이 가장 두렵다

예전에 SNS에 질문을 하나 올린 적이 있다.

'평소 당신이 가장 듣기 싫은 말은 무엇인가요?'

득표율이 높은 댓글은 모두 설득력이 있었다. '아무거나', '믿기 싫으면 말고', '너랑 할 말 없어', '익숙해졌어', '응' 등이다. 이 중에서 나는 '익숙해졌어'라는 말이 살짝 걸렸는데, 마침 이틀 동안 친구에게 계속 들었던 말이기 때문이다.

내 친구 A는 매우 독립적인 여성이다. 남편이 회사 일로 너무 바빠서 많은 집안일은 오롯이 그녀 몫이었다. 최근에 몸이 아파서 친한 친구가 자진해서 진료에 동행한 경우를 제외하고는 다른 때는 그녀 혼자 병원을 다닌다. 요즘 들어 부쩍 컨디션이 좋아 보이지 않아서 걱정스러운 마음에 물어봤다.

"혼자 갈 수 있겠어? 정 힘들면 남편한테 휴가 내고 며칠 돌봐달라고 해. 지금은 누군가 옆에서 돌봐줄 사람이 필요해."

그러자 그녀가 대답했다.

"괜찮아, 혼자 할 수 있어. 이미 익숙해졌는걸."

그녀의 말에 어떻게 대답해야 할지 혼자서 오랫동안 고민했지만 '익숙해졌다'는 그녀의 말에서 왠지 모를 씁쓸함과 상실감이 오롯이 느껴졌다.

또 다른 친구 B는 점점 늘어가는 가계 빚과 업무 스트레스에 힘들어하고 있었다. 그런데 엎친 데 덮친 격으로 여자 친구도 이별을 통보하면서 가뜩이나 힘든 그의 삶이 더욱 고달파졌다.

나는 그에게 많이 힘들면 적당히 쉬면서 스트레스를 풀어줘야 한다고 했다. 그러자 그는 매우 허탈해하며 대답했다.

"괜찮아, 벌써 익숙해졌어."

알고 보면 우리에게도 이 두 친구의 모습이 있다. 현재 상황에 속수무책으로 자신의 태도나 방식을 조절하거나 맞추고, 자신의 감각을 마비시켜 외로움과 스트레스, 고통 등에 익숙해지는 것이 최선의 해결책이라고 생각한다. 하지만 이런 습관은 인정할 가치가 없다. '익숙해졌다'라는 말을 들을 때마다 나는 마음이 아프다. 그들이 지금 느끼는 감정을 말하지 않아도 충분히 공감할 수 있다.

'익숙해졌다' = '중요하지 않다'

우리가 듣기 싫은 말은 사자성어가 들어있는 어려운 말이 아니다. 그 안에 숨겨진 태도와 감정을 받아들이기가 두려운 말들이다. 듣고 싶지 않은 모든 말에는 저마다의 이야기가 숨어 있고, 그 이야기 이면에는 저마다의 상처가 있다. '익숙해졌다'는 말에는 자신의 무력함과 상실감, 씁쓸함이 담겨 있으며, 그 안에는 우리가 생각하는 것보다 훨씬 더 복잡한 이야기가 숨겨져 있다.

그들은 살아오면서 누군가 필요한 시기에 아무런 감정적 돌봄을 받지 못했을 것이다. 힘들고 지칠 때 진심 어린 지지와 도움을 받지 못하고 충분한 사랑을 받지 못하는 등 많은 상처를 경험했을 것이다. 이야기는 각자 다르지만 그로 인한 상처는 항상 동일하다. 이러한 경험은 누군가에게 받아들여지지 않고, 주목받지 못하고, 사랑받지 못한다고 느끼게 한다. 더욱 심각한 것은 그들의 존재감과 가치감이 조금씩 박탈당할 수 있다는 점이다.

'익숙해졌다'는 말을 자주 하는 사람은 '나는 가치가 없다', '나는 중요하지 않다'는 부정적인 자기인지를 동반하기도 한다. 매번 '익숙해졌다'는 말로 어려움과 문제에 대처하는 것은 자연스러운 반응이 아니라 실제로 익숙해지기 전에 경험한 무수히 많은 내적 갈등을 통해 얻어진 결과다.

그들은 누군가의 도움과 지지가 필요할 때, 도움을 요청하고 싶지만 거절당할까 봐 두려워하고, 고민을 털어놓고 싶을 때, 마음을 터놓을 기회가 있는데도 차마 위로받지 못할까 봐 걱정한다. 또 사랑과 관심에 목말라 있을 때, 자신의 연약함과 무력함을 드러내고 싶지만 무관심한 반응이 돌아오지 않을까 불안해한다.

내 친구 A와 B도 마찬가지다. 남편과 함께 병원에 가기 위해 의사소통을 하거나 친구에게 고민을 털어놓을 생각을 하지 않은 것이 아니라, 오직 그들의 상상 속에서 자신이 부탁할 때마다 모든 결과가 거절로 돌아왔을 수도 있다.

결과가 나쁘다기보다는 내면의 상상이 더 무섭다는 말이 맞을 것 같다. 적어도 확률적으로 절반의 가능성에 지나지 않는데, 그들의 상상을 통해 얻는 결과는 언제나 최악일 수밖에 없다. 또한 이러한 상상은 내면의 열망이 경계를 넘어가는 것을 금지하고 수동적인 현재 상태를 바꾸는 것을 방해한다. 따라서 과거의 상처를 치유하기 어렵고 부정적인 자기인지를 변화시키기 어려워져 과거의 이야기만 가슴에 간직할 뿐 더 따뜻한 미래를 써 내려갈 수 없다.

익숙하지 않아도 될 것에 익숙해지는 습관

나는 '익숙해졌다'는 말을 들을 때마다 마치 몸을 웅크리고 있는 아이가 어떻게든 자신을 보호하고 외부로부터 오는 상처에 저항하려는 것 같아 마음이 아프다. 그러나 이런 저항은 사실 적대감에 싸여 있어서 다른 사람이 자신의 욕구를 충족시키지 못하고 신뢰할 수 없으며 언제든지 자신을 해칠 수 있다고 생각한다. 그래서 접촉을 피하고 소통을 거부하며 의도적으로 거리를 둔다. 이것이 바로 앞서 언급했던 수동적인 공격이다.

수동적인 공격 성향이 나타나면 그들의 냉담한 태도로 인해 사회로부터 소외되기 쉽고 주변 사람들 역시 그들의 욕구를 충족시켜주는 것을 거절할 가능성이 높아지면서 끊을 수 없는 악순환이 시작된다. '익숙해졌다'는 방어기제에 익숙해지면 익숙하지 않아야 할 것에 익숙해지고 있다는 사실을 깨닫기 어렵다. 사실 그들이 생각하는 강인함과 독립심은 다른 사람의 선의를 거절하는 것이고, 안정감은 실제로 매우 불안정한 기초 위에 세워져 있다. 이러한 부정적인 습관을 다른 사람과의 긍정적인 상호작용으로 바꾸려면 용감하게 시도하는 것 말고는 다른 방법은 없다.

물론 감정을 드러내고, 자신을 표현하고, 지지를 구하다 보면 거절당할 수도 있고 심지어 과거와 유사한 상처를 또 입을 수도 있다. 하지만 다른 관점에서 보면 더 용감해질 수도 있다.

최악의 결과는 익숙한 부정적인 반응을 다시 경험하거나 무시당하거나 거절당하는 것뿐이다. 그러나 이미 우리는 이런 반응을 대처해 본 경험이 있고, 자신을 보호할 수 있는 능력을 갖추고 있다. 어쨌든 그때보다 몇 살 더 성숙해졌으니 더 잘 처리할 수 있을 텐데, 뭐가 그렇게 두려운가?

굳이 비교하자면, 평생 다른 사람의 사랑과 지지를 다시 경험할 기회가 없는 것이 더 두렵다. 표현하려고 시도하고 적극적으로 이 습관을 끊기 위해 노력한다면 마음속에 뿌리내린 과거의 상처를 좋은 경험으로 전환할 수 있다.

자신을 변화시키는 버튼은 우리 손 안에 있다. 이것이야말로 새로운 습관을 형성할 기회가 아니겠는가? 솔직하고 즐겁게 소통하는 것에 익숙해지고, 다른 사람의 지지와 도움을 받고 사랑과 배려를 받는 것에 익숙해지자.

〈라 트라비아La Traviata〉에 '내 마음은 행복에 익숙하지 않다'는 대사가 나온다. 나는 오랫동안 이 대사가 잊히지 않는다. 사실 행복은 습관처럼 오롯이 자신의 선택이기에.

자격지심

◆

**살면서 가장 두려운 말,
'어울리지 않는다'**

많은 이들의 감정을 대하는 마음가짐이 대체로 부정적이며, 자신이 진심으로 사랑받을 수 있다는 사실을 온전히 믿지 못하고, 다른 사람의 사랑 또한 받아들이지 못하는 경향을 보인다. 따라서 자신의 마음이 움직여도 여전히 뒷걸음질 친다.

이러한 그들의 태도를 한마디로 요약할 수 있는데, 그것은 바로 '나는 자격이 없다'는 것이다. 이와 비슷한 표현에는 '나는 가치가 없다', '나는 능력이 부족하다', '나에게 과분하다' 등이 있다. 표현은 다르지만 모두 일종의 결핍과 부족을 반영한다. 실제로 이들에게는 '자아존중감'이 없다.

항상 '나는 자격이 없다'고 생각한다

'자아존중감'은 우리의 내면에 자신이 어떤 삶을 살 수 있는지에 대한 자격을 인증하는 것으로, 사랑받을 수 없을 것 같다고 느끼거나 고가의 물건은 살 엄두도 내지 못하거나 성공했지만 성공을 누리지 못하는 것처럼 여러 심리 상태에서 필요 조건의 모양으로 나타난다.

우리가 그럴만한 자격이 있다고 느끼는지의 여부는 그가 실제로 얼마나 많은 것을 소유하고 있는지와 직접적인 관련이 없으며, 어떤 사람들은 이미 물질적, 감정적으로 소유할 수 있는 능력과 자격을 갖추었음에도 여전히 '자격이 없다'고 생각한다. 다른 사람들은 모두 그가 생각하는 그런 사람이 아니라고 말하지만 자격지심이 있는 사람의 마음속에는 '자격이 없다'는 것이 이미 습관적인 자기 저주와 자기 한계가 되었다.

실제로 자격지심을 가진 사람은 매우 많다. 어쩌면 우리 주변에도 많이 숨어 있을 것이다. 예전에 서로 속마음을 털어놓고 가깝게 지내던 친구가 있었다. 그녀에게 오랫동안 짝사랑하던 남자가 있었는데 먼저 연락하거나 고백할 엄두를 내지 못했다. 이유는 단 하나, 상대방이 너무 잘나서 자신에게 과분한 상대라고 생각했다. 예쁘장

한 외모에 집안도 좋고 박사 학위까지 받은 그녀가 그렇게 생각할 정도라니, 나는 그녀가 대체 무슨 이유로 상대방과 어울리지 않는다고 생각하는지 궁금했다. 그녀가 해외에 정착하고 나서야 우리는 진실을 알게 됐다. 알고 보니 그 남자는 우리와 같은 반 친구였다. 솔직히 말해 그는 평범한 학생으로 그녀가 생각한 것만큼 잘나거나 멋있지 않았다. 이렇게 말하면 미안하지만 그의 전 여자 친구도 그녀보다 훨씬 별로였다.

지금까지 나는 그녀가 사랑에 눈이 멀어서 평균적인 남자도 멋있어 보인다고 생각했는데, 과거에 그녀가 했던 말들을 떠올려 보니 그제야 그녀가 그저 '자격지심'을 갖고 있었던 것이었음을 알게 됐다. 예를 들어 누군가에게 선물을 받았을 때, 그렇게 값비싼 한정판의 물건이 아닐지라도 너무 소중하게 여기고 선물을 받고 나서도 안절부절못하며 언젠가 꼭 보답해야 한다고 생각했다. 친구의 권유로 예쁜 치마를 샀는데 한 번도 입은 모습을 본 적이 없다. 알고 보니 치마를 입을 마땅한 자리가 없어서가 아니라 치마를 입을 정도로 자신이 예쁘지 않다고 생각했기 때문이다.

특히 자격지심을 가진 사람은 죄책감을 쉽게 느낀다. 충분히 즐겨도 좋은 순간에 그들은 항상 어찌할 바를 모르고 매우 난처해한다. 친구가 선물을 주면 당황하고 불안해하거나 피하고 퉁명스럽게 거절하기도 한다.

다음 5가지 행동이 나타나면 자신에게 자격지심이 있는지 의심해 보아야 한다.

1. 항상 미안함을 느끼거나 자주 '미안해'라는 말을 한다.

2. 칭찬을 받으면 어색하고 불편하다.

3. 돈에 예민하고 돈에 관련된 이야기를 잘 하지 않는 편이다.

4. 물질적, 정신적으로 잘 즐기지 못한다.

5. 불안해질까 봐 좋은 감정을 받아들이지 않는다.

감정이 결핍된 어린 시절을 보낸 이들의 자격지심

자격지심이 있는 사람은 정말 칭찬받을 만하지 않고, 행복한 삶을 누릴 자격이 없는 걸까?

사실 그들은 부족하지 않다. 문제는 그들이 스스로 부족하다고 생각하기 때문인데, 이런 생각은 원가정에서 나온다. 자신에 대한 최초 평가는 주 양육자인 부모로부터 시작한다. 부모가 자녀를 귀하게 생각하면 나중에 자녀도 자라서 자신이 귀하다고 생각한다.

부모의 자녀에 대한 평가는 직접적으로 언어를 통해 반영되기보다는 자녀를 대하는 방식에 스며든다.

어린 시절을 떠올려 보자. 어떤 상황에서 우리의 욕구와 원하는 것이 충족되었는가? 부모님께 언제 칭찬을 받았나? 언제 사랑한다 말하며 마음에서 우러나오는 미소를 지어주셨나?

자격지심을 가진 사람은 어린 시절에 번번이 거절당하고 인정받지 못한 경우가 많았으며, 그들이 만족과 인정을 받기 위한 전제 조건은 부모의 요구 사항을 먼저 충족시키는 것이었다. 예를 들어, 어떤 아이는 갖고 싶은 장난감을 바로 받아본 적이 없다. 최소 한 달 동안 착한 행동을 해야 겨우 얻을 수 있었다. 또 어떤 아이는 친구들과 나가서 게임을 하고 싶지만 부모님이 원하는 시험 성적을 받아야 놀 수 있었다. 심지어 자녀는 이미 부모가 원하는 기준에 도달했다고 생각하지만 정작 부모는 여전히 부족하다고 느끼는 경우도 많다. 항상 옆집에 사는 아이와 비교하며 여전히 만족스럽지 못하고 기대에 미치지 못한다는 말만 늘어놓을 뿐 칭찬과 격려에는 인색했다. 사실 어린 시절에 칭찬과 격려만큼 필요한 것은 없다. 이는 자격지심의 근본적인 원인이 된다.

부모가 자녀를 가치가 낮은 사람으로 평가하고 충분한 자격이 없다고 반복적으로 전달하면, 자녀 또한 '나는 자격이 없다'는 느낌을 마음속에 계속해서 쌓아나가면서 결국 최종적인 자기평가를 형성한다. 이런 말을 하는 이유는 부모와 불행한 어린 시절을 탓하기 위함이 아니다. 자격지심은 유전자와 같아서 자격지심을 가진 사람의 부모 중 적어도 한 명은 자격지심을 갖고 있다. 그리고 의도적으로 자녀에게 부정적인 영향을 미치기 위함이 아니라 그들 자신도 그 안에 갇혀 있기 때문에 자녀에게 똑같이 행동하는 것이다. 경제적 여건이 허락되어도 값비싼 물건을 살 엄두를 내지 못하고 절약하는 이유는 특별한 목적이 있어서가 아니라 습관일 뿐이다. 그들이 '필요 없다'고 말할 때의 진심은 '나는 그럴 자격이 없다'는 것이다.

당신은 온 세상을 가질 자격이 있다

자격지심이 강한 사람은 자기실현적 예언을 한다. 그들은 늘 '나는 자격이 없다'고 생각하기 때문에 더 나아지고, 더 많은 것을 얻을 여러 기회를 피하고 멀리하며 항상 자신을 억울한 상황에 처하게 하는 행동 습관에 머물러 있다. 그리고 시간이 지남에 따라 자신의 욕구와 욕망을 가두는 데 익숙해진다. 인간의 욕구와 욕망이 억압되면 결국 더 나은 삶으로부터 점점 멀어지고 불행에 더 가까워진다.

낯선 진짜 자아와의 첫 만남

과거를 거슬러 올라가는 것은 자격지심을 가진 사람에게 그것이 형성된 경로를 볼 수 있도록 하기 위해서다. 설사 이 길을 되돌릴 수 없더라도 특정 방법을 통해 인지적으로 '다시' 이 길을 걸으면서 '나는 자격이 없다', '나는 가치가 없다'는 마음가짐을 바꾸면 담대하게 아름다움을 끌어안을 수 있다.

나는 예전에 SNS에 '당신은 온 세상을 가질 자격이 있다'는 글을 쓴 적이 있다. 오늘을 열심히 살아가는 모든 사람이 자신에게 '당신은 더 많은 것을 가질 자격이 있다'고 자주 말해주면 좋겠다. 이런 신념은 행동에 영향을 미치고, 행동은 습관을 형성하며, 습관은 행동에 작용해서 결국 '나는 자격이 없다'는 자기왜곡을 무너뜨리고 자신이 가치 있는 사람이라는 완전히 새로운 신념을 형성하게 된다.

당신이 더 나은 삶을 누릴 자격이 있는지 여부는 노력과 실천을 통해서만 알 수 있다. 하지만 그 전에 선행되어야 할 것은 자격지심의 저주에 갇힌 자신을 '풀어주는' 일이다. 갇혀 있는 자신은 원래 더 나은 자신이 될 수 있는 자격이 충분하기 때문이다.

어장관리

**당신에게 현재를 줄 수 없는 사람은
미래도 주지 못한다**

어장관리의 사계절

희망이 만발하는 봄

A는 한 모임에서 마음에 드는 여성을 알게 된 후 그녀 생각을 떨칠 수 없었다. 그런데 애석하게도 그녀에게는 이미 남자 친구가 있었다. 고민 끝에 A는 그녀에게 고백했고, 그녀는 거절도 승낙도 아닌 '당분간은 결정을 내릴 수가 없다'고만 했다. 그야말로 면죄부처럼 여전히 그녀의 마음을 두드려도 된다는 희망이 담긴 메시지와

마찬가지였다. 그는 그녀와의 관계는 방금 뿌린 씨앗이므로 때가 되면 땅에서 싹이 돋아나 우뚝 솟은 나무로 자라날 것이라 생각했다. 사계절 중 봄에 해당하는 어장관리의 이 단계는 활기가 넘치고 희망이 가득한 시기다.

신록이 싱그러운 여름

B는 좋아하던 여성과 점점 가까워지고 있었다. 마침 여성의 남자 친구가 1년 동안 해외로 파견을 나가게 돼서 그녀는 크고 작은 모든 일은 B에게 부탁했다. 어제는 컴퓨터를 고쳐주었고, 오늘은 마트에 가서 장을 봤다. 그들은 잠자리를 하지 않았다 뿐이지 여느 커플과 다르지 않았다. B는 그녀의 부름에 언제나 나타나는 소환수召喚獸(게임에서 주인의 부름에 불려 나와 도와주는 존재_역주)처럼 그녀의 작은 손짓에도 풍화륜风火轮(중국 신화에 등장하는 나타哪吒의 마법 무기 중 하나로 두 바퀴에서 바람과 불을 만들어 내며 속도가 매우 빠름_역주)을 타고 어디든 달려갈 준비가 되어 있었다. 이 단계는 무더운 여름처럼 불이 활활 타오르고 만물이 열정을 뿜어내는 단계다.

무겁지만 결코 어둡지 않은 가을

C는 여자 친구와 다투기라도 하면 아무리 늦은 시간이라도 가장 먼저 그의 하소연을 들어주고 위로해주는 여성 절친이 있다. 그녀

는 간혹 여자 친구의 마음을 풀어주고 기쁘게 해주는 방법을 가르쳐 주기도 한다. 그녀는 성숙하고 이성적인 편이라 상대방에게 무턱대고 다가가거나 차갑게 대하지도 않는다. 그저 언젠가 그가 '자신에게 가장 어울리는 사람이 바로 묵묵히 지켜주는 그녀'라는 사실을 알게 될 날이 올 거라고 믿는다. 이는 가을에 해당하는 단계로 차분하고 절제된 상태로 감정 역시 점점 흐려진다.

황폐해진 땅, 그러나 희망이 멈추지 않는 겨울

D는 여러 번 짝사랑하는 남자를 포기하려고 했지만 그의 희망 고문으로 번번이 실패하고 말았다. 그 후 짝사랑 남자는 두 번 넘게 여자 친구가 바뀌었지만 좀처럼 그녀에게는 기회를 주지 않았다. 오랜 기다림으로 의기소침해진 D는 아직 완전히 절망할 상태는 아니었다. 그녀는 여전히 그의 동태를 주시하며 그의 SNS에 '좋아요'를 누르거나 명절이나 휴가 때 단체방에 가벼운 인사말을 남기면서 아주 미약한 신호를 보내곤 했다. 그녀는 실컷 사냥감을 쫓아가 놓고 끝내 아무런 공격도 하지 않고 그루터기만 지키고 있는 맹수처럼 그냥 그렇게 그의 주변만 맴돌 뿐이었다. 이것은 겨울에 해당하는 단계로 오랜 기다림과 추운 날씨로 인해 황폐해지기 시작하고 허전해진다.

낯선 진짜 자아와의 첫 만남

사계절이 지나고 난 후의 모든 어장관리의 결말은 겨울만큼 잔인하다. 하지만 여전히 어떤 사람은 자신의 득실을 따지지 않고 얻지 못하더라도 몸을 던져 지켜줄 수 있다고 생각한다. 좋아하는 사람의 앨범에서 아직 타이틀곡은 아니지만 그래도 B면의 첫 번째 수록곡이 되면 적어도 스스로를 위로하기 위한 존재감은 얻을 수 있다. 대가를 바라지 않는 이런 보호는 확실히 감동적이지만 그렇다고 해서 상대방이 당신을 더 많이 봐줄 것이라는 의미는 아니다.

오르락 내리락, 시소 같은 심리 게임

당신과 그, 두 사람이 정말 하늘이 맺어준 인연이라면 그렇게 마음고생까지 해가며 애쓸 필요가 없을 것이다. 만약 그렇지 않다면 열심히 애쓰고 노력해야 할 것이고, 언젠가 당신의 노력이 빛을 볼 날도 올 것이다. 하지만 당신이 기다리던 그는 당신을 최우선으로 두다가 뒷전으로 밀어두기도 하고, 희망을 주었다가 얼마 못 가서 바로 실망을 안겨 주기도 한다. 몇 번이고 당신은 패배를 인정하고 자신이 얻을 수 없다는 것을 인정해야 한다. 하지만 그가 늘 그렇듯이 다정한 눈빛을 보내면 당신은 또 기꺼이 그의 부드러운 함정 속에 빠지고 말 것이다.

이 부드러운 함정은 바로 그가 설정한 심리 게임이고, 이 게임의 플레이 방법은 '추격'이다. 당신이 그를 맹렬히 쫓아가면 그는 필사적으로 몸을 숨긴다. 그런데 당신이 일단 걸음을 멈추고 'Esc 키'를 눌러 게임을 끝내려고 하면 어디선가 갑자기 나타나 다시 토끼몰이 하듯 달콤한 미끼를 던지며 게임에 몰입하게 한다. 그는 '플레이어'고 당신은 단지 '훈련 파트너'일 뿐이다.

중국 영화 〈독자등대 独自等待, Waiting Alone〉에서 남자주인공 천원陳文은 우연히 자신이 오랫동안 꿈꿔왔던 이상형 리우롱刘荣을 만나면서 그녀의 사랑을 얻기 위한 추격 게임을 시작한다. 천원이 리우롱에게 연락처를 달라고 하자, 그녀는 거절하며 그의 연락처만 요구한다. 그는 하루하루 그녀의 연락만을 기다리며 희망의 끈을 놓지 않는다. 그리고 기다림에 지쳐 게임을 끝내려고 하자, 그녀는 바빴다는 핑계를 대며 그를 얼마나 그리워했는지 말해준다. 그는 그 즉시 속 좁은 자신을 탓하며 공세를 강화할 준비를 한다. 그는 반지를 건네며 마음을 전해보지만 이를 외면한 그녀의 모습에 이내 좌절하고 만다. 그런데 그녀가 무심코 그에게 만년필을 선물하자, 이번에도 그녀의 의도를 오해하고 그녀에게 한 걸음 더 다가갔다고 생각한다.

이렇게 그들의 사이는 한 명이 올라가면 상대가 내려가는 시소 게임처럼 영원히 같은 평행선을 그릴 수 없다. 이것이 바로 밀고 당기는 심리 게임이다. 이 게임이 지속되는 이유는 그의 어딘가 자리 잡지 못한 연약한 마음과 사랑이고, 또 다른 편으로는 그녀의 끝없는 욕심 때문이기도 하다.

다른 사람에게 어장관리를 당하면 그 안에는 경쟁 진화 규칙이 작용한다. 한편으로 인간은 본능적으로 모든 잠재적 배우자를 탐색해서 자신에게 가장 적합한 상대를 찾는다. 하지만, 다른 한편으로 진화심리학에서 말하는 것처럼 장기적으로 안정된 배우자가 후대를 양육하는 데 더욱 유리하다. 인간은 본능적으로 더 많은 욕망을 추구하려 하지만 다른 한편으로 결혼과 연애에 있어서 배타성과 유일성을 추구한다. 이러한 객관적 모순과 내적 갈등 속에서 영화 속 주인공은 그녀의 내적 갈등을 완화할 수 있는 가장 최적의 사람이다. 그들은 분명히 선을 넘거나 근본적으로 결혼과 연애 관계의 규칙을 위반하지 않았으며, 더 많은 사랑과 욕망을 추구하는 본능적인 욕구를 충족시켰다. 이와 동시에 인간이 친밀한 관계에서 추구하는 이익은 극대화하고 희생은 최소화했다.

하지만 이 관계에서 어장관리를 당하는 사람들은 상처를 입는다. 그들은 '사랑을 위해서라면 기꺼이 자존심도 버릴 수 있다'고 하면서 자신을 치켜세운다. 그러나 사랑이 갖는 사전적 정의는 두 사람 사이에 생기는 감정을 말한다. 일방적으로 보여주는 열정은 그저 짝사랑에 지나지 않는데, 자존심까지 버릴 필요가 있을까? 게다가 이런 손해는 이 관계에서만 나타나는 것은 아니다. 이대로 가면 이들은 상대에게 무조건 베풀고 양보하면서 자신의 자존감과 자신감마저 내쳐버릴 것이다. 감정을 상하는 것에도 익숙해져 정신적 소모 상태에 빠지기 쉽다.

이 패턴은 삶의 모든 측면에 반영되는데, 미국의 심리학자 마틴 셀리그먼Martin Seligman이 진행한 실험을 살펴보면 이해하기 쉽다. 그는 실험에서 A 방에는 레버를 움직이면 전기충격을 멈출 수 있는 환경을 만들었고, B 방은 어떤 짓을 해도 전기충격을 피할 수 없는 환경을 제공했다. 개들을 각각의 방에 가둔 채 24시간이 지난 뒤, 장애물만 넘으면 전기충격을 피할 수 있는 방에 집어넣는 과정을 실험했다. 그런데 놀라운 일이 벌어졌다. A 방에 있던 개들은 전기충격이 오자 장애물을 넘어 전기충격을 피했고, B 방에 있던 개들은 장애물만 넘으면 충분히 전기충격을 피할 수 있었지만 시도조차 하지 못하고 충격을 그대로 견디고 있었다.

혈육 간의 사랑, 친구와의 우정, 어떤 관계든 좋고 나쁨을 판단하는 가장 근본적이고 기본적인 기준은 그것이 당신에게 '성장을 가져다주는가' 하는 것이다. 이 관계에서 어장에 갇힌 사람들은 자신의 성장이 정체되고 예전처럼 자기애와 자신감조차 가질 수 없게 된다. 정말 무서운 것은 사랑하는 사람을 잃는 것이 아니라 인생이 아름답고 추구할 가치가 있다는 믿음을 잃어버리는 것이다. 누군가의 어장에 들어있는 느낌은 날카로운 칼이 피부를 찌르고 심장을 꿰뚫는 것 같이 고통스럽고 마치 물에 젖은 스펀지처럼 모든 감정과 영혼이 빨려들어가는 감정과 같다. 이는 독이라고 해도 과언이 아니다. 우리는 때로 고통에서 쾌감을 얻을 수 있지만 그게 아무리 행복해도 건강하진 않다.

대체될 수 없어야 봄이 온다

내가 본 가장 슬프고 안타까운 사례는 종리춘鍾離春이라는 인물이다. 중국 고대사를 보면 양귀비를 비롯한 4대 미녀뿐만 아니라 못생긴 외모를 가진 4대 추녀도 있었다. 4대 추녀 중 한 명인 종리춘은 못생긴 외모 때문에 아름다움艷이 없음無을 뜻하는 '종우옌鍾無艷'이라는 별명을 얻었다. 아름답지 않지만 뛰어난 재능을 가진 그녀는 제齊나라 군왕의 왕비가 되었다. 하지만 이는 왕이 아름다움을 탐하지 않는다는 것을 보여주기 위함과 그녀에게 정사를 돌보게 하기 위한 수단일 뿐이었다. 사실 선왕은 정사에는 관심이 없고 대부분의 시간을 주색잡기에만 빠져있어 하영춘夏迎春이라는 아름다운 여인을 총애했다. 후에 이 이야기가 세상에 알려지게 되면서 '나라가 위태로울 때는 종리춘, 평안할 때는 하영춘有事鍾無艶‧無事夏迎春'이라는 속담까지 생겨났다. 비록 그녀는 왕비가 되어 나라를 잘 다스리고 후세의 칭송을 받았지만 제나라 선왕에게는 그저 어장 안에 있는 물고기에 불과했다는 사실에서는 벗어날 수 없다. 지금 어장 관리를 당하는 사람이 현대판 종우옌이 아니고 무엇이겠는가? 좋아하는 사람과의 유일한 연결고리는 그가 일이 생겨 당신을 부를 때까지 기다렸다가 몸을 던져 위로와 격려를 보내는 것이다. 만약 그가 부탁하거나 부를 일이 없다면 곁에 있는 사람은 결코 당신이 아닐 것이다.

역사는 다시 쓸 수 없지만 인생에 전환점을 맞을 기회는 아직 남아있으니 적절한 시기가 되면 그 자리에서 물러나야 한다. 당신의 짝사랑이 아무런 불빛도 없는 이 광야를 넘어서서 더 밝은 빛과 더 많은 가능성이 있는 광활한 지역으로 계속 달리게 하자.

과제분리

'나는 중요하다'는 환상

직업의 특성상 많은 사람에게 질문을 받는다. 비록 이 질문들이 완전히 일치하지 않지만 항상 그 안에는 공통점이 있다. 질문하지 않은 사람도 공감할 수 있을 정도로 이 공통점은 많은 이들에게 깨달음을 준다. 먼저 몇 가지 실제 사례를 살펴보도록 하자.

독자 A는 여자 친구와 함께 광저우廣州에 공동 스튜디오를 열었다. 그러나 여느 부모가 그렇듯이 그의 부모는 아들에게 큰 기대를 품으며 그가 고향으로 돌아와 집안에서 운영하는 회사에서 업무를 익히며 잘 적응해서 하루빨리 가업을 잇길 바랐다.

그는 매우 고민이 됐다. 어려서부터 지금까지 부모님이 주신 편안한 삶에 감사하고 두 분의 기대에 부응하고 싶었지만 가업에 관심이 없었기에 고향으로 돌아가고 싶지는 않았다. 그는 광저우에 만든 스튜디오를 너무 좋아하고 사업을 확장하려고 열심히 노력 중이었다. 그는 미래에 대해 아직 확신이 없고 자신도 없었지만 여자 친구를 실망시키고 싶지 않았다.

지금 그는 부모님을 만족시키고, 꿈을 실현하고 여자 친구의 기대에도 부응하고 싶은 딜레마에 빠져 있다. 그는 답답한 속내를 내비쳤다.

'어떤 선택을 하든 둘 중 한쪽에게 미안할 수밖에 없어요.'

집안의 장녀인 독자 B는 올해 남동생이 갑자기 큰 병에 걸려서 직장을 그만두고 집에서 동생을 돌봐야 했다. 해외 대학으로부터 박사 과정 합격을 통보받은 그녀의 약혼자는 그녀가 자신과 함께 해외로 나가 일자리를 찾고 안정된 결혼 생활을 하기 바랐다.

그녀는 병든 남동생을 외면할 수도 없고, 그렇다고 약혼자를 혼자 해외로 보낼 수도 없었다. 그가 그녀의 마음을 오해하고 감정이 식을까 봐 두렵기도 했다. 그녀는 속상한 마음을 토로했다.

'동생을 저버리거나 사랑을 희생해야 하는데, 둘 다 할 수 없는 저 자신이 쓸모없다고 느껴져요.'

잘못된 포지셔닝이 부른 일상의 피곤함

두 사람의 공통점은 둘 다 곤경에 처한 것처럼 보이고, 이성적으로 이해득실을 분석하고 따져볼 필요가 있을 것 같지만 사실 이것이 가장 중요한 것은 아니다. 질문자가 진짜 해결해야 할 것은 언어 뒤에 숨겨진 마음의 매듭이다.

독자 A는 '미안하다'고 하고, 독자 B는 자신이 '쓸모없다'고 느꼈다. 그들이 한 말을 살펴보면 일종의 권력 구조를 포함하고 있음을 알 수 있다. 이는 그들이 인간관계에서 자신을 '주도자'로 정의하고, 더 큰 권력과 힘, 장악 능력이 있는 사람으로 인식한다는 것을 암시한다. 한마디로 그들은 어떤 일이든 자신이 아니면 안 될 정도로 자신의 존재를 매우 중요하게 여긴다. 가정의 문제는 그들만이 해결할 수 있고, 그들의 행동만이 상황을 바꿀 수 있다. 바로 이러한 이유로 그들이 문제를 해결할 수 없을 때 '미안하다'고 하거나 '나는 아무 쓸모없다'는 생각을 하게 되는 것이다.

그들이 깊은 고뇌와 무력함에 휩싸여 있는 이유는 문제 자체 때문이 아니라 자신에 대한 잘못된 포지셔닝 때문이다. 그들이 보기에 자신만이 문제를 완벽하게 해결할 수 있고 전능하다고 생각한다. 그래서 그들의 망설임과 고통의 정도는 일찍이 문제 자체에서 오는 고통을 넘어선 지 오래며, 자신의 무력함과 무능함을 한탄하고 있다.

모두가 자신이 중요하고 가치 있고 능력이 있길 바라며, 모두가 자신이 아끼는 사람들을 돕고 그들의 결정과 행동을 통해 문제를 해결하기 갈망한다. 하지만 누군가 자신만이 유일하고 가장 중요한 사람이라고 생각하면 이는 자신과 다른 사람에게 큰 문제가 될 수 있다. 그것은 자신을 압박하는 동시에 다른 사람의 존재의 가치를 부정하는 것이기 때문이다.

만약 비슷한 고민을 털어놓는 친구가 있다면 당신은 쉽게 편향될 것이고, A를 선택하든 B를 선택하든 다 잘못된 것처럼 문제를 해결하기 어렵다고 느낄 것이다. 이 문제에는 올바른 선택지가 없고, 만약 당신이 A와 B에서 최선의 선택지를 분석하려고 한다면 '나는 유일하게 문제를 해결할 수 있는 사람이다'라는 가짜 명제에 속아 넘어간다.

현실 생활은 복잡하지만 그로 인해 많은 선택지가 있다. 자신을 지나치게 중요하다고 생각하면 선택지는 A와 B밖에 남지 않는다.

다시 질문으로 돌아가서, 독자 A는 부모님도 저버리고 싶지 않고, 여자 친구도 실망시키고 싶지 않다. 자신이 상황을 전환시키는 결정적인 요인이라고 확신하게 되면 다른 가능성을 보지 못한다. 실제로 부모님의 회사를 다른 가족 구성원이나 다른 사람의 도움을 받아 운영할 가능성은 없을까? 여자 친구와 같이 운영하는 스튜디오에 새로운 파트너를 영입할 수 있는지, 아니면 이 문제에 대한 고민을 중단하고 2년 정도 사업이 발전하는 것을 지켜보다가 다시 의논해 보는 것은 어떨까?

독자 B의 상황도 크게 다르지 않다. 남동생을 돌봐줄 사람이 필요한데, 부모님이 돌볼 수 있지 않을까? 아니면 간병인과 같은 제3자에게 간병을 부탁할 수는 없을까? 약혼자가 외국에 가서 박사 과정을 할 때 꼭 같이 가야 할 이유가 있을까? 서로의 사랑을 믿는다면 잠깐은 떨어져 지내도 괜찮지 않을까?

나는 이러한 해결방식이 반드시 A와 B의 선택보다 더 낫다고 말하는 것이 아니라 '개방적인' 사고를 유지해야만 제한된 선택에 얽매이지 않고 진실을 똑똑히 볼 수 있다고 말하는 것이다. 당신은 중요한 존재다. 하지만 그렇다고 해서 당신이 아니면 안 되거나 유일하다는 의미는 아니다. 당신은 매우 유용하지만 그렇다고 해서 모든 것을 할 수 있는 것은 아니다.

나는 오직 나 자신만을 위한 답이다

내 주변을 둘러보면 무슨 일이든 가장 앞장서서 달려가는 친구들이 있다. 팀플레이가 필요한 일이어도 다른 사람이 하는 걸 불안해하고 어려움이 닥치면 오로지 자신만 그 일을 감당할 수 있는 사람이라고 생각한다. 일상에서도 마찬가지다. 그들은 연인과의 문제를 항상 자기 탓으로 돌리고 심지어 상대방이 자신의 일에 만족하지 않는 것도 자신이 도와주지 못해서라고 자책한다.

그들이 모든 문제를 짊어지는 데 급급한 이유는 과거에 많은 문제를 성공적으로 해결했기 때문이 아닌 불필요한 '죄책감'에서 비롯된 것이다. 그들은 모든 나쁜 결과가 자신에 의해 일어났고 자신의 존재 자체가 '원죄'라고 생각한다.

이야기의 첫 장은 모두 비슷하다. 그들은 가정에서부터 '죄책감'을 느끼는데, 예를 들어 부모 사이의 다툼은 항상 자녀에게 영향을 미치고 부모는 늘 자녀가 가족 갈등을 완화할 수 있기를 바란다. 어떤 부모는 '너만 아니었으면 벌써 이혼하고도 남았다', '잘 봐, 열심히 공부해서 돈을 많이 벌어야 이렇게 힘들게 살지 않는 거야', '할아버지와 할머니가 다른 집 애들만 예뻐하지 않게, 눈치껏 잘해'라고 말했을 수 있다. 이런 '격려'의 말은 사실 부모가 자신의 불안을 자녀에게 전달하는 것이다.

　어른이 되고 나서도 모든 불안이 현실적인 원인에서 비롯된다고 생각하는가? 그렇지 않다. 많은 사람이 아주 어렸을 때 이미 불안을 경험하기 시작했고, 일찍부터 스트레스와 문제를 스스로 짊어지는 법을 배웠다. 그들은 부모가 사이가 좋지 않은 이유가 부족한 자신 때문이라고 생각했고, 부모가 친척들 앞에서 당당하지 못한 것도 자신이 변변치 않아서라고 생각했다. 이에 따른 죄책감이 계속 발효되다 보니 어린 시절의 '주범'에서 어른이 된 후의 '지주'로 진화했다. 그들은 항상 가족 전체의 무거운 '사명'을 짊어지고 있다.

　과거의 경험은 그들에게 자신의 한계와 미미함을 보여주지 못했고, 그들 역시 무능함을 다른 사람에게 보일까 봐 필사적으로 방어기제로 감추고 보완하며, 자신은 중요하며 무엇이든 다 할 수 있는 사람이라고 허세를 부리며 자신을 속였다. 하지만 문제에 부딪혔을 때는 여전히 현실을 직시해야 한다. 과거의 경험을 정리한다고 해서 문제가 바로 해결되는 것은 아니지만 상대방이 진실을 똑똑히 보고 과거의 자신을 이해하며, 자신감과 용기를 가지고 마음의 매듭을 풀 수 있게 해준다.

　항상 자신을 대체할 수 없을 정도로 중요하다고 믿는 생각이 동기부여를 하고 변화에 박차를 가하도록 채찍질하는 것처럼 보이지만 현실 곳곳에서 벽에 부딪힐 수 있기 때문에 오히려 투지를 약화시킬 수 있다. 그것은 부식성을 띠고 있어서 이러한 생각에서 오는 불안과 무력감은 다른 사람들에게 전염된다. 그러면 주변 사람들은 자신도 모르게 스트레스를 받을 필요가 없다고 생각하고 책임을 회피해 결국 모두의 문제는 한 사람의 문제가 된다.

그러므로 지금 어깨에 메고 있는 다른 사람의 짐을 그만 내려놓아야 한다. 자신을 친절하게 대하는 법을 배우고 딜레마에 빠졌을 때 더 많은 선택지를 볼 수 있어야 한다. 당신이 모든 사람의 답이 아니다. 단지 자신을 위한 답일 뿐이다.

5장

진짜 자아와 조우하다

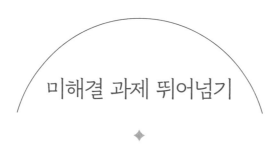

미해결 과제 뛰어넘기

◆

작은 상처도 지우지 못하는 이유

얼마 전 두 명의 팔로워에게 편지를 받았다. 편지의 내용은 달랐지만 비슷한 의문을 품게 됐다.

'오래전에 겪은 일인데, 아직도 상처가 남아있는 이유는 무엇일까?'

먼저 잉즈影子의 이야기를 살펴보자. 그녀는 엄격하고 무서운 어머니 밑에서 자라서인지 어려서부터 한 번도 어머니의 말을 거역한 적이 없었다. 그런데도 어머니는 가끔 그녀에게 부정적인 감정을 쏟아내곤 했다. 그녀에게 아직도 잊히지 않는 기억이 있다.

초등학교 때, 어머니는 하교 후 집에 늦게 들어왔다는 이유로 그녀를 밖으로 내쫓았다. 화가 난 어머니는 그녀를 3층에서 1층까지 끌고 내려가서 조금의 망설임도 없이 차가운 길거리로 그녀를 내몰았다. 당시 그녀는 겨우 10살이었다.

지금은 어머니와의 관계가 많이 좋아졌지만, 어머니가 화를 낼 때마다 아주 잠깐이지만 그때의 시간으로 돌아간 것처럼 느껴져 두려울 때가 있다. 지금까지 10년 전 그날 저녁처럼 갑자기 어머니의 기분이 좋지 않아서 쫓겨나지 않을까 전전긍긍하며 살아왔다. 20대가 된 후로는 통금시간이 무의미해지긴 했지만 언제라도 알람 시계가 울릴 것 같고 언제라도 쫓겨날 수 있다는 불안은 쉽게 가시지 않았다. 그녀의 마음속에는 그날 놀라서 떨고 있는 10살짜리 어린 소녀가 아직도 살고 있기 때문이다.

또 다른 편지의 주인공 란란燃燃은 행복한 가정과 성공한 사업이라는 두 마리 토끼를 모두 잡은 그야말로 약점이라고는 찾아볼 수 없는 삶을 살고 있었다. 그런데 작년에 그런 그녀를 주저앉힌 일이 일어났다. 중학교 동창들과 수다를 떨다가 출장 이야기가 나왔는데, 때마침 그 도시에 살고 있는 'A'라는 친구가 그녀를 너무 보고 싶어 했다. 그런데 그녀는 A와 만나기로 한 약속 장소에도 나타나지 않고 A를 대화 목록에서 아예 차단해버렸다. 알고 보니 그녀가 13살 때 따돌림을 당했는데, 당시 주도자가 바로 A였다. 당시 아픈 기억을 오랫동안 잊고 지내다가 막상 만나려고 하니 생각처럼 마음을 잡기 힘들어 회피한 것이다. 그녀에게 그 시절은 가장 지우고 싶은 3년이었다. 오랜 세월이 흐른 지금, 그녀는 아픈 과거로부터 멀어져 누군가에게 괴롭힘을 당하거나 무시당하지 않는, 당당하고 멋진 삶을 살고 있지만 이번에 친구와 만나기로 하면서 다시는 떠올리고 싶지 않은 과거의 경험이 생각나자 마음 깊은 곳에서 화가 치밀어 오르고 혐오감까지 밀려들었다. 그리고 무엇보다 친구를 만났을 때 13살 힘없는 소녀 시절로 돌아가 쩔쩔매며 아무 말도 못할까 봐 걱정스러웠다. 그래서 차라리 도망치기로 마음먹었다.

미해결된 감정의 잔재

가족에게 학대당하거나 친구에게 따돌림을 당해본 적이 있는가? 물론 그런 경험이 없을 수도 있지만 살다 보면 그런 사람을 만날 수도 있고, 그런 사건을 겪을 수도 있다. 그런 사람이나 사건의 존재는 우리가 겪었던 상처와 고통을 상기시키고 당시 느꼈던 무력감과 슬픔을 소환한다. 그리고 우리가 어디를 가든 계속 따라다닐 것만 같은 불안함에 마음이 전혀 놓이지 않는다. 비록 이미 성인이 되어 이보다 더 큰 상처를 다룰 만큼 강해졌다고 해도 그 사람을 만나거나 사건을 다시 직면하게 되면 바로 혼란스러워질 게 뻔하다.

과거를 회상할 때 크게 동요된다면 당시 받았던 그 감정을 바로 처리하지 못했기 때문이다. 지나간 일이라고 해도 상처는 그대로 남아있다. 그때 자신의 감정을 제대로 표현하지 않고 그 후에도 소화해내지 못하면 그냥 그 자리에 굳어버려 마음의 응어리로 남는다.

우리는 매일 수많은 감정을 마주해야 한다. 어떤 감정은 순식간에 지나가지만 다른 어떤 감정은 우리를 한참 동안 괴롭히거나 심지어 평생을 따라다니기도 한다. 스쳐 지나가는 감정은 별다른 영향을 미치지 않기 때문에 다른 감정으로 대체되기도 하지만, 오랫동안 괴롭히는 감정은 더 많은 것을 표현하고 토설함으로써 해소하거나 스스로 소화시키는 방법을 터득해서 서서히 사라지게 만든다. 그러나 그렇게 함에도 소화되지 못한 감정들이 있다. 이런 감정은 평생 따라다니며 예고도 없이 아무 때나 튀어나와 지금의 감정을 어지럽히고 당시 억압이나 회피로 인해 벌어진 틈을 파고들어 기억의 구석에 자리 잡는다. 그러다 가끔 실수로 건드려지면 날카로운 칼날을 세워 상처를 입히곤 한다.

어쩌면 우리도 그들처럼 그때는 어리고 약해서 감히 표현하지 못하고 가슴에만 묻어두었을지도 모른다. 그런 면에서 잉즈와 란란의 이야기는 정말 좋은 사례다. 잉즈는 슬픔과 두려움을 제대로 표현하지 못했고, 란란은 분노와 혐오를 표현하지 못했다. 당시 주의를 다른 데로 돌려서 부정적인 감정의 경험을 최소화하려 했거나 아무런 조치도 취하지 않은 채 아무렇지 않은 척, 상처받지 않은 척 삶을 이어 나갔다.

언젠가 발현될 미해결 과제

심리학에는 '미해결 과제unfinished business'라는 매우 흥미로운 용어가 있다. 욕구 대상이 충족되면 그 욕구는 자신의 내면에서 사라지고, 다음 욕구의 대상이 새롭게 등장하는데, 그 일련의 심리적 과정에서 '미해결 과제'라는 현상도 일어난다. 만약 욕구 대상이 어떤 이유에서든 방해를 받아 욕구가 충족되지 않고 해소되지 않으면 심리 저변에 남아있게 되는데, 이처럼 해소되지 않은 형태를 '미해결 과제'라고 한다.

과거의 좋지 않은 경험이 있는 사람은 성인이 되어 비슷한 경험을 할 때 자신의 나약함에 열등감을 느끼며 더 이상 다른 사람이 자신을 함부로 대하지 않도록 강해지려고 하고, 배척과 억압에 저항한다. 그러면서 자아가 성장하는데, 나름 승화와 자아 정진의 과정이라고 볼 수 있다. 그러나 한편으로 여전히 돌파하지 못한 부분이 있다. 이는 당시의 고통을 떠올리고 싶지 않거나 숨기기로 선택했기 때문인데, 사실 숨긴다고 해서 그것의 존재 자체를 부정할 수는 없다. 비슷한 상황이 다시 발생해서 나약한 자신을 마주해야 할 때가 오면 그제야 우리는 오랜 세월 동안 강해지는 데 집중했을 뿐, 나약한 모습을 마주할 엄두조차 내지 못했다는 사실을 깨닫게 된다.

상처는 결코 합리화할 수 없다

과거의 문제를 성인이 된 현재 인식했다고 해도 아직 늦지 않았다. 이 문제가 앞으로 우리를 얼마나 더 놀라게 할지 모르니 평생 따라다니지 않도록 하는 것이 더 중요하다. 이제 칼을 칼집에 잘 보관해 두고 지금 누리고 있는 안정감을 유지할 수 있도록 해야 한다.

잉즈는 어머니가 자신을 사랑하지 않는 것이 아니고 당시 그 상처도 전혀 의도한 바가 아니라는 걸 알고 있다. 현재 두 사람은 아주 좋은 관계를 유지하고 있다. 비록 그녀가 객관적인 사실을 말하고 있지만 이러한 표현은 자신의 내적 갈등을 줄이고 상대방으로부터 받은 상처를 합리화하기 위한 경우가 더 많다. 상대방이 준 상처가 필연적이고 합리적이라고 생각해야 어느 정도 마음의 고통을 줄일 수 있기 때문이다.

많은 사람이 상대방을 위로할 때 '원래 그런 사람이야. 상대할 필요도 없어' 혹은 '고의가 아니었을 거야. 그러니까 마음에 두지 마'라고 하는 것처럼 우리도 마음속으로 자신을 설득한다. 그러나 상처를 합리화하는 것은 감정을 다스리는 데 일시적인 도움만 될 뿐, 수년간 해결하지 못한 상처로 인해 자신을 더욱 힘들게 할 뿐이다.

'왜 이미 상처를 이성적으로 받아들였고 상대방을 용서했는데 여전히 고통에서 벗어나지 못하는 걸까?'

상처를 합리화하기 위한 모든 변명은 실제 문제와 상처를 피할 수 있게 해주지만 피한다고 해서 결코 문제가 해결되지 않는다.

분명히 상대가 나에게 상처를 줬고, 그 상처가 실제로 존재했다는 것을 솔직하게 인정해야만 내면의 문제를 직면하고 그것을 해결할 용기를 가질 수 있다. 과거의 고통을 다루는 첫 번째 단계는 피하는 것이 아니라 당시 상처를 받았다는 사실을 인정하는 것이다. 나에게 상처를 준 사람을 위해 그 어떤 변명도 필요 없다.

고착된 감정을 꺼내 흘려보내라

우리에게는 타임머신이 없기 때문에 상처받은 그 순간으로 돌아 갈 수 없다. 하지만 기억을 통해 당시의 상황은 떠올릴 수 있다. 다 시 불쾌한 상황에 노출되는 것은 꽤 잔인한 일이지만 상처를 치유 할 수 있는 유일한 기회이기도 하다. 우리는 당시 상황을 떠올려 봄 으로써 감정을 다시 경험할 수 있는데, 상처로 다가왔던 말이나 부 당한 대우를 생각하면 분노가 치밀어 오르거나 무기력, 실의에 빠 질 수 있다. 하지만 비록 부정적인 감정일지라도 나름대로 긍정적 인 의미를 발견할 수 있는데, 모든 감정의 배후에는 당시의 기분이 나 느낌이 반영되기 때문이다. 그것을 찾아야만 스스로 정확하게 표현해낼 수 있다.

기회가 된다면 당사자에게 털어놓는 것이 가장 좋다. 아직 연락 을 주고받고 있다면 마음속에 남아있던 감정을 표현해 보자. 그 사 건에 대해 상대방이 사과한다면 이 관계는 앞으로도 건강하고 견고

할 것이며, 서로에게 위로가 되고 상처받은 감정이 회복될 것이다.

상대방에게 감정을 드러내는 것이 불편하더라도 감정을 표현할 수 있어야 한다. 그 순간 가장 하고 싶었던 말이나 가장 듣고 싶었던 대답을 자신에게 이야기하듯 표현해야 한다. 상대방이 바로 앞에 있다고 생각하고 분노와 슬픔을 표출해 보자. 한바탕 울어도 괜찮고 상대방을 비난해도 상관없다. 이것은 상처를 치유하기 위해 반드시 거쳐야 하는 단계다.

만약 우리가 신뢰할 수 있는 친구나 가까운 사람이 있다면 그들에게 털어놓아도 좋다. 어쨌든 이전에 털어놓지 못한 감정이 더 이상 자신 안에 응어리로 굳어 버리지 않고 제대로 분출되고 소화될 수 있도록 하는 것이 최종 목표다.

감정을 마주 보고 대면할 수 있는 용기

감정을 표현하는 것은 목적이 아니라 수단이다. 아직 우리가 성숙한 어른의 단계에 오르지 않았다면 감정을 터뜨리거나 분노를 표현하는 것은 모두 일시적인 허세에 지나지 않는다. 오직 과거의 상처를 직접 대면할 수 있거나 피할 수 있을 정도로 성숙해야 효과적으로 감정을 표현할 수 있다. 이것은 현재의 당신을 위한 것이기도 하고, 상처받은 과거의 당신을 위한 것이기도 하다. 기억을 떠올려 무기력한 과거의 당신을 다시 만나게 되면 그때 그 아이는 강하고 담대해져서 지금은 눈앞에 닥친 문제와 어려움을 충분히 해결할 수 있는 사람이 되었고 나약하고 상처받은 모습은 모두 과거일 뿐이라고 말해주길 바란다.

이것은 단순히 타임슬립식 대화가 아니다. 우리를 무력하고 당황하게 만드는 사건을 다시 마주쳤을 때, 상처를 겪은 후 그동안 얼마나 성장을 이루었고 얼마나 많은 상처를 치유했는지 생각해 보는 것이 좋다. 이것은 모두 자신을 보호할 수 있는 능력이 생겼음을 의미한다. 자신의 힘을 확인하는 것은 담대하게 과거를 마주하는 근본이 된다.

우리 모두는 의도적이든 아니든 다양한 상처를 경험하며 산다. 잊을 수 없는 상처라도 성장의 일부이기 때문에 애써 잊으려고 노력할 필요는 없다. 다만 우리가 해야 할 일은 응어리진 마음을 풀고 '미해결 과제'의 저주를 끊어버리는 것이다. 상처를 자신을 이해하는 방식으로 바꿔 성장의 계기로 삼는 것이다. 진짜 강인한 사람은 상처를 받지 않는 사람이 아니라 상처를 받아도 그것을 직면하고 이겨내 끝내 거센 비바람을 뚫고 빛을 향해 나아가는 사람이다.

감정적 가치 높이기

◆

**사랑의 진위를 위해
'감정적 가치'를 살펴라**

사람들이 꼽은 다양한 이별의 원인을 살펴보면, '그와 함께 있어도 행복하지 않다'가 가장 많았고, '우리는 어울리지 않는다'가 다음으로 많았다. 두 사람이 함께 있을 때 행복함을 느끼는 것은 정말 중요하다. 누가 사랑을 고통 속에서 하고 싶겠는가? 현실적인 문제를 제외하고 연애를 하면서 느끼는 불행은 사실 인위적인 것으로 두 사람이 함께 만들어낸 것이며, 이를 잘 보여주는 직접적인 행동은 '소통을 피하려 하는 것'이다.

언어는 감정과 분위기에 가장 큰 영향을 미친다. 즐겁게 이야기를 나누다가도 상황에 맞지 않는 단어나 말이 잘못 나오면 달콤했던 대화는 격렬한 싸움으로 번질 수 있다.

최근 사랑에 빠진 친구는 연애 초기인데도 남자 친구와 자주 '말다툼'을 벌였다. 남자 친구는 그녀와 함께 시간을 보내려고 회의에 가지 않았는데, 그녀는 내심 감동하긴 했지만 말로는 철이 없다며 잔소리했다. 또 그는 그녀가 집에 늦게 들어가는 게 걱정스러워 계속 메시지를 보냈는데, 그녀는 내심 고맙지만 자신을 스토킹하고 있냐며 말도 안 되는 답장을 보냈다.

상대는 연인을 기쁘게 해주려고 한 일이었는데, 그에 맞는 적절한 반응을 하지 못해서 결국 상대방의 오해를 사고 자신까지 난처하게 만들었다. 친구는 자신을 되돌아보면서 감정적 가치가 낮다고 실토했다.

감정적 가치는 선순환이다

소위 '감정적 가치'는 한 사람이 다른 사람의 감정에 영향을 미치는 능력을 말하며, 함께 지내는 동안 상대방을 기분 좋게 하는지 아니면 걱정스럽게 하는지에 따라 전자는 높은 감정적 가치를, 후자는 낮은 감정적 가치를 가져다준다.

감정적 가치의 중요성을 이해하는 것은 건강한 연애를 위해 배워야 할 가치 있는 일이다.

'감정적 가치'라는 말은 다소 실용적으로 들려서 우리가 사랑하는 동안 상대방에게 주는 모든 것을 가치로 따지는 것 같지만, 어떤 관점에서 보면 좋은 방법이기도 하다. 어떤 인간관계에서든 사람과 사람 사이에 감정을 주고받으며, 이런 감정의 교환 속에서 관계도 점차 변화하기 때문이다.

늘 당신을 행복하게 느끼게 해주는 사람은 당신에게 긍정적이고 즐거운 감정을 전달한다. 그러면 당신도 긍정적인 감정을 전달하기가 훨씬 수월해진다. 이렇게 서로의 감정이 건강하게 순환되면 관계도 점점 더 친밀해진다. 반대로 항상 당신을 불행하고 불편하게 만드는 사람은 부정적이고 불쾌한 감정을 던진다. 그러면 당신도 '눈에는 눈, 이에는 이'의 마음을 품게 된다. 이 악순환의 결과는 말하지 않아도 불 보듯 뻔하다.

같이 아래 몇 장면을 살펴보자.

* 헤어스타일을 바꾼 당신

A: 이 스타일이 더 잘 어울린다.

B: 갑자기 왜 헤어스타일을 바꿨어?

A: 우와, 너무 잘 됐다!

B: 그게 뭐 그렇게 큰일이라고 호들갑이야.

A: 무슨 말이든 해 봐, 내가 들어줄게.

B: 별거 아니네, 뭐 그런 일로 우울해하고 있어.

위의 장면에서 어떻게 대답하느냐에 따라 감정이 서로 다르게 이어질 것이다. 나는 대부분의 사람들이 A와 같이 반응하길 바라며, 내가 A로 대답하면 상대방도 A로 반응하기 쉽고, B로 대답하면 상대방도 B로 반응하기 쉽다고 생각한다.

겉보기에 별거 아니고 사소해 보이는 한마디가 오랜 시간 계속 쌓이다 보면 감정의 응어리가 어느새 거대한 눈덩이처럼 변해 상대방에 대한 평가와 그 관계에도 영향을 미친다. 두 사람이 관계에 대한 기대를 충족하고 오랫동안 행복할 수 있을지는 서로에게 감정적 가치를 제공할 수 있는지에 달려 있다.

감정적 가치를 높이려면 두 가지만 기억하라

자신의 감정적 가치를 높여서 상대방을 행복하게 해주고 싶다면 우선 두 가지를 배워야 한다. 하나는 긍정적인 관점으로 정보를 해석하는 법을 배우는 것이고, 다른 하나는 자신의 인지적 패턴을 바꾸는 것부터 시작하여 긍정적인 정보를 더 많이 제공하는 것이다. 감정적 가치의 전제는 '사랑과 진실'이기 때문이다.

일반적으로 감정적 가치가 낮은 사람은 기술을 모르는 것이 아니라, 다만 그들의 관심사가 항상 부정적인 쪽으로 치우쳐 있기 때문이다. 상대방이 얼마나 일을 잘했든 간에 그들은 언제나 잘못한 일에만 관심을 기울인다. 또 상대방을 칭찬하고 싶지 않거나 표현에 서투른 것이 아니라, 그들의 언어 체계에 부정적인 정보에 먼저 반응하는 조건반사가 확립되어 있기 때문이다. 이것이 바로 많은 이들의 고민이다. 분명히 선의를 표현하고 싶은데 조금만 주의를 기울이지 않으면 불쾌한 말이 무심코 튀어나온다. 습관에 따라 뇌가 '한발 앞서' 부정적인 정보를 자동으로 처리하기 때문이다.

지금 좋은 정보와 나쁜 정보가 있다. 만약 둘 다 당신에게 거의 비슷한 수준의 영향을 준다고 가정한다면 당신은 좋은 정보와 나쁜 정보 중 어떤 것에 더 많은 관심을 기울일까? 감정적 가치가 낮은 사람은 나쁜 정보에 더 많은 관심을 기울이는 경향이 있다. 이는 부정적인 감정으로 직결되고 자연스럽게 상대방에게 긍정적인 감정을 전달하지 못하게 한다. 감정적 가치가 낮은 사람은 이 조건반사를 깨고, 의식적으로 긍정적인 정보에 주의를 기울이고 상대방의 장점을 보는 노력을 해야 한다.

상대방과 상호작용하는 과정에서 나타나는 감정적 가치를 제공할 수 있는 상황을 기록하고, 앞서 본 A와 같은 반응만 시도하도록 한다. 이런 연습은 쉽지 않을 수도 있고 처음에는 다소 의도적인 것처럼 보일 수도 있지만 이러한 기록과 글쓰기는 새로운 조건반사를 확립하는 효과적인 방법이자 긍정적인 정보에 관한 관심을 지속적으로 강화하는 과정이기도 하다.

그렇게 하면 이 과정에서 상대방에게 긍정적으로 반응하고 감정적 가치를 제공하는 방법을 배울 수 있을 뿐만 아니라, 세상을 밝고 긍정적으로 보는 시각도 얻을 수 있다. 여기서 더 긍정적으로 되면 자연스럽게 감정적 가치를 제공하는 두 번째 단계인 긍정적인 정보를 제공하려는 경향이 강해진다. 불평과 원망할 일은 점점 줄어들고 나누고 싶은 기쁨과 행복은 점점 많아진다는 것을 깨닫게 될 것이다.

상대방이 아무런 반응을 보이지 않을까 걱정할 필요 없다. 인지 방식을 바꾸면 관계의 주도권을 잡을 수 있고 상대방에게서 '피그말리온 효과'가 일어나는 것을 보게 될 것이다. 우리가 더 긍정적인 기대와 반응을 보이면 상대방도 더 자신감을 갖고 동기부여가 되어 우리가 기대하는 모습으로 변화되며 우리의 감정적 가치도 공감을 얻게 된다. 이것이 바로 '관계 선순환의 시작'이다.

함께 있을 때 행복한 것은 모든 커플의 소망이지만 많은 이들이 사랑에 있어서 행복을 오해하고 있다. 절대 다투지 않거나 불행함을 느끼지 않는 것이 아니라 가능한 한 행복으로 서로를 감싸 안아 행복이 슬픔을 상쇄하거나 초월함으로써 사랑의 질을 높이는 것이다.

지금 연애 중인 여러분 모두가 행복을 창조하는 능력을 키울 수 있기를 바란다.

진심으로 사랑하기

그가 예전처럼 잘해주지 않는다면,
진짜 연애의 시작이다

연인을 가져본 경험이 있다면 상대방이 더 이상 당신에게 연락을 하지 않거나 연애 중에도 잘해주지 않는다면 '그가 정말 나를 사랑하는 걸까?'라는 의문을 가져봤을 것이다. 그러면 옆에 있는 친한 친구는 이렇게 말한다. "내 남자 친구도 그래, 어쩔 수 없더라".

답답함이 해소되지 않아 감정 전문가를 찾아가 봐도 크게 다르지 않다. "사랑하는 사람들은 대부분 다 똑같아요. 잡은 물고기에는 밥을 주지 않아요". 조금 더 유명한 감정 전문가를 찾아가 봐도 "당신을 사랑하지 않는 것이 아니라 단지 그의 사랑하는 방식이 바뀌었을 뿐이에요."라고 말한다.

이제 당신 앞에는 그와 헤어질 것인지, 계속 만날 것인지 두 가지 선택만이 남아있다. 하지만 어떤 선택을 하든 괴로울 것 같다. 당신은 그가 당신을 사랑하는지 확신할 수 없고, 이 상황을 어떻게 바꿔야 할지도 모르는데, 모두 누구와 연애를 하든 이 단계는 항상 존재한다는 게 현실이라고 말한다.

나는 그가 지금 당신에게 연락을 자주 하지 않고, 연애 때처럼 무조건적인 사랑을 퍼붓지 않는다고 느끼는 것은 그가 당신을 사랑하는지 혹은 사랑하지 않는지는 아무런 상관이 없으며 이제야 두 사람의 진짜 연애가 시작되었다는 것을 꼭 말해주고 싶다.

남녀를 막론하고 모두 오해하고 있는 것이 바로 끈끈하고 열정적인 상태야말로 바람직한 연애라고 생각하는 것이다. 그러다 열정의 외투가 벗겨지고 나면 적나라한 진실이 드러나는데 실제 연애는 사실상 너무 지루하다. 특히 여성은 이때 상실감을 느끼기 쉽다. 그가 당신을 쫓아다닐 때 온 정성을 다해 보살펴 주던 그 마음이 그리워질 것이고, 처음 만났을 때 당신을 대하던 태도와 지금의 태도를 자주 비교하게 된다. 하지만 어쩌겠나, 다시 돌아갈 수는 없다. 불같이 뜨거운 썸 단계와 연애 초기는 진정한 관계 형성을 위한 서곡에 불과하며, 그에게 실망할 때에는 이것이 진정한 연애의 모습이라고 착각하게 되므로 자연스럽게 불편함과 의심을 갖게 된다.

연애 초기는 가짜 자아와의 사랑이다

비록 당신이 경험한 달콤함과 로맨스가 모두 거짓이라고 할 수 없지만, 연애 초기에는 두 사람 모두 자신의 거짓된 모습을 보였다는 것을 알아야 한다. 연애 초기에 있는 사람들은 자신의 진정한 모습을 숨기고, 모두 가짜 자아를 내세워 관계를 형성하는 중이라고 할 수 있다. 호르몬 분비가 강해지면 모든 열정과 관심이 증폭된다. 그때 자상한 그와 부드러운 당신은 낭만적인 상황에서 탄생한 '가짜 자아'의 상태이거나 아니면 부분적인 자아일 뿐이다.

고백 단계와 연애 초기에 가장 중요한 것은 관계를 공고히 하는 것이라는 사실은 누구나 다 안다. 이때 이 일을 완벽하게 하기 위해서는 더 많은 투자를 하고 더 완벽하게 자신을 감춰야 한다. 그래서 두 사람 중 누구도 고의로 '가짜 자아'를 연기하라고 지시하지 않아도 무의식중에 열정이 불타오른다. 마치 회사에 처음 입사하면 수습 기간 동안 가장 열심히 일하는 것처럼 보이지만 정작 정식 계약서를 쓰면 직장 내 '능구렁이'가 되어 나중에는 대놓고 게으름까지 피우는 것과 같다. 이것은 인간의 기본적인 근성이며 모든 사람은 약간의 교활함을 가지고 있다.

그렇게 뜨겁게 불타오르던 연애 기간이 지나고 나면 가짜 자아는 비로소 무대에서 사라진다. 그는 더 이상 당신에게 관심을 두지 않고, 당신도 더 이상 그런 그를 이해하지 않는다. 이때부터는 두 사람의 '진짜 자아' 또는 더 포괄적인 자아가 나타나기 시작하는데, 이때가 바로 진정한 연애가 시작되는 때다. 두 사람 모두 여전히 가짜 자아의 모습을 버리지 않으면 진정한 감정적 관계를 형성하기 힘들다.

이때 당신이 처리해야 할 첫 번째 문제는 '진짜지만 완벽하지 않은 연애에 어떻게 적응할 것인가'다. 이 상황에서는 여성만 실망하는 것이 아니다. 남성도 마찬가지로 그녀가 예전만큼 사랑스럽지 않고, 자신을 이해해주지 않는 것 같다고 생각하면서 이전에는 문제가 되지 않았던 것을 따지기 시작한다.

이건 누구의 잘못도 아니다. 단지 '진짜 자아'가 갑자기 서로의 앞에 나타났을 때, '진짜 자아'끼리의 좋지 않은 상호작용이 있는 것뿐이다. 결국 서로에 대한 이해가 아직도 '가짜 자아' 단계에 머물러 있으며, 여전히 서로의 예전 상대방의 표현과 태도를 요구하고 있다. 뜨거운 사랑은 언젠가 식어버린다는 걸 조금 일찍 알았다면 서로를 더 너그럽게 바라볼 수 있었을지도 모른다. 하지만 점점 식어가는 관계를 받아들이지 못하고, 그 사람이 예전만큼 나에게 잘해주지 않으면 이 연애를 지속할 수 없다고 생각하는 사람도 여전히 있을 것이다.

물론 이해가 아예 안 되는 건 아니지만, 이런 생각은 완전히 '어른 아이'의 사고방식이기 때문에 매우 터무니없다. 아직 독립적으로 생활할 수 없는 영유아 시기에만 타인의 세심한 보살핌과 관심을 받을 수 있다. 어른이 되어서도 여전히 열정적인 사랑으로 매일 자신의 삶을 기꺼이 포기하고 당신이 원하는 방식대로 잘해줄 누군가가 있기를 기대한다면 이런 기대 자체가 매우 유치하고 비현실적이며, 당신의 결혼과 연애에 대한 관점이 얼마나 미성숙한지를 여실히 보여주는 것이다. 타인을 사랑하기 위해서는 먼저 자신을 돌보고 관심을 가져야 한다는 전제 조건이 있다. 자신의 내면부터 살펴야 건강한 연애 관계를 유지할 수 있는 것이다. 열정적인 사랑의 단계가 끝난 후에도 상대방이 여전히 당신에게 손을 내밀고 밥을 떠먹여 주길 바라는 사람은 이성친구나 배우자가 아니라 영유아 단계에서나 필요한 아버지나 어머니를 찾아야 한다.

진짜 자아와 시작하는 진짜 연애

감정 전문가들은 많은 사람이 '남자를 어떻게 다루는지, 남자가 사랑에 빠졌을 때의 태도와 마음가짐을 항상 유지하는 방법'을 가르쳐 주지만, 결코 거기에 따른 결과와 대가는 알려주지 않는다. 남자가 수십 년 동안 뜨겁게 연애할 때처럼 당신에게 잘해준다면, 이를 위해 그가 포기한 것을 감당할 수 있는가? 인간의 에너지와 마음, 시간은 제한되어 있지만 인생에는 완수해야 할 과제와 성장 욕구가 셀 수 없이 많다. 모든 자원을 한쪽에 집중적으로 투자하면 당연히 다른 쪽의 이득이 줄어들게 된다.

나는 매일매일 다양한 방법으로 아내를 기쁘게 해주고 사업도 활발하게 하는 남자를 본 적이 없다. 그런 능력 있는 남자가 정말로 있다면 그를 만나는 것 자체가 기적일 것이다. 하지만 알다시피 그런 남자는 세상에 없다. 그는 사업을 하니 바쁠 수밖에 없고, 친구들도 만나야 하며 부모도 보살펴야 한다. 또 취미도 즐기고 충분한 휴식으로 자신을 계속해서 발전시켜야 한다. 그가 썸을 타거나 연애 초기 때 그랬던 것처럼 거의 모든 시간과 에너지, 마음을 당신에게 쏟기를 바란다면, 다른 것을 모두 내버려 두고 아무것도 이루지 못한 채 당신에게만 잘해주는 남자가 될 것이다. 그게 당신이 원하는 것일까? 어른 아이가 되어 누군가의 보살핌을 받는 것이 과연 당신에게도 좋은 일일까?

현대 사회에서 여성도 남성만큼 일해야 하고, 당신도 마찬가지로 자신의 삶을 살아야 한다. 그가 왜 예전보다 나에게 잘해주지 못하는지 매일 생각하는 것은 당신의 경력 개발과 삶의 질을 높일 시간과 기회를 침해하는 것이다. 그의 행동과 말투, 마음에 신경 쓰는 시간을 자신에게 더 할애하고 양보한다면 분명히 괴로움도 줄어들 것이다. 그리고 정말 상황을 바꾸기 위해 뭔가를 하고 싶다면 되도록 많은 질문은 피하고 자신의 요구를 균형 있게 맞추도록 하자.

열애 기간은 이성에게 '후유증'을 남긴다. 항상 이전에 그 혹은 그녀가 잘해줬던 기준을 출발점으로 삼아, 이 출발점이 나의 요구 수준을 끌어올린다. 그(그녀)가 나를 위해 무언가를 하지 않아도 되는 상황도 나의 욕구를 자극할 수 있다. 이러한 '후유증'이 일상이 되어서는 안 되며, 어떤 욕구가 부풀려진 것이고 불필요한 것인지 구별해야 한다. 그래야만 자신의 내면이 채워지지 못한 욕구로 가득 차도록 두지 않을 것이고, 나를 위한 상대방의 노력을 객관적으로 볼 수 있다.

정말 소통하고 표현해야 할 것이 있어도 비난하고 불평하는 태도는 취하지 않는 것이 좋다. '진짜 자아'와 소통한다고 해서 부정적인 감정을 거리낌 없이 드러내야 하는 것은 아니다. 그러면 문제를 해결하지 못할 뿐만 아니라 부정적인 태도는 상대방의 마음을 여는 것을 방해만 할 뿐이다.

나도 그런 단계를 겪어봤고, 열애 기간이 끝난 뒤 상대방이 나를 어떻게 대하는지 사사건건 따지는 그런 분위기가 상대방을 불편하게 하고 나도 불안하게 만든다는 걸 잘 알고 있다. 서로의 가짜 자아를 버리고 진짜 자아를 드러내는 연애의 참 모습을 보고 나는 평범하고 지루한 관계를 더 잘 받아들일 수 있게 됐다. 진짜 나에게 잘해주는 것은 매번 나의 무리하고 부당한 요구를 충족시키는 것이 아니라, 우리 두 사람이 먼저 자신의 일을 잘하고, 자신의 삶을 잘 가꾼 다음 서로를 진심으로 사랑하는 것이다.

PART 3

깨어날수록
자유로운 나

6장

새로운 내면으로의 침잠

불안과 함께 지내기

사회적 불안,
무엇을 걱정하고 있는가?

사회불안 장애로 힘들어하던 친구가 있었다. 그는 모임에도 자주 나오지 않았는데, 그 이유는 정말 다양하고 창의적이었다. 처음에는 야근이나 몸살 등 어느 정도 그럴듯한 이유를 대다가, 급기야는 집에 있는 반려견이 아프거나 며칠 동안 빨래를 하지 않아 입고 나갈 옷이 없다는 핑계를 댔다. 그리고 나중에는 아예 초대 메시지에 답장을 하지 않았다. 원래 모임을 굉장히 좋아하던 친구였는데 오히려 그가 가까운 곳으로 이사 온 뒤로 얼굴을 보는 게 더 힘들어졌다.

나중에 나는 그가 정말 바빴는지 아니면 피치 못할 사정이 있었는지 물었다. 한참을 우물쭈물하던 그는 자신이 '사회불안 장애'를 앓고 있는 것 같다고 했다. 예전에는 안 그랬는데, 요즘은 친구든 동료든 누구를 만날 생각을 하면 모임에 나가기 전날 밤부터 너무 긴장돼서 잠도 제대로 이루지 못할 정도라고 했다. 그래서 그는 업무와 관련된 접대성 모임을 제외한 모든 사회활동 참여 자체를 아예 거부하고 철저하게 집돌이가 되기로 마음먹었다.

나는 이와 관련해 모의 설문 조사를 진행했다. '당신은 사회활동으로 인한 불안감을 느낀 적이 있나요?'라는 질문에 거의 100명에 가까운 사람들이 대답했으며, 그들 중 62%가 서로 다른 수준의 사회적 불안을 느낀 적이 있다고 응답했다. 그러고 보니 사회적 불안은 현대인에게 '유행병'처럼 번지고 있는 것 같다. 이처럼 많은 이들이 불안 때문에 사회활동을 줄이거나 기피하는 경우가 많아졌다. 왜 그럴까? 아마도 화면 뒤에 숨은 채 소통을 해온 방식에 익숙해졌기 때문이 아닐까? 그렇다면 앞으로 우리의 모든 소통과 교제는 SNS와 같은 가상 채널을 통해서만 이루어지는 걸까?

그 친구는 앞으로 자신은 어떻게 하면 좋겠는지 물었다. 어쩌면 고통스럽지만 탈출구를 찾지 못하는 사람은 내 친구만이 아닐 수도 있다. 사회적 불안이 더 큰 문제로 확대되기 전에 모두가 자기 성찰과 분석을 통해 해결책을 찾아야 한다. 우리는 외딴섬이 아니기 때문에 SNS는 우리가 생존을 의존하는 조건 중 하나로 인식해야 하며, 사회활동을 회피한다고 해서 결코 고통이 완화되지 않음을 깨달아야 한다. 그렇지 않으면 오히려 더 심각한 문제를 초래할 뿐이다.

적당한 불안함은 사회활동의 필수 조건이다

주변에 비슷한 어려움을 겪고 있는 사람들과 이야기를 해보니 실제로 그들을 불안하게 하는 것은 사회활동 자체가 아니라 그로 인한 결과라는 사실을 알게 됐다. 비행기를 타는 것을 두려워하는 사람이 있고, 혼자 밤길을 걷는 것을 두려워하는 사람이 있듯이 모두 이 일이 어떤 결과를 가져올지 걱정스럽다. 비행기 타는 것이 두려운 사람은 불의의 사고가 일어날까 봐 두려운 것이고, 밤길을 혼자 걷고 싶지 않은 사람은 예상치 못한 위험이 발생할까 봐 두려운 것이다.

사회적 불안의 이면에 있는 동기는 훨씬 더 복잡하다. 사회활동은 비행기를 타거나 밤길을 걷는 것처럼 단순한 행위가 아니다. 활동에서의 의미를 찾고, 이 의미를 위해 자신의 목표를 명확히 하고, 사신과 타인을 이해하고, 사교 과정에서 적합한 의사소통 방법을 찾아 타인의 반응에 적절하게 대응해야 한다. 이와 같은 번거로운 과정은 '사회활동'이라는 복잡한 인간 활동을 구성하며, 그 중 어느 과정이든 오류가 생기면 사람들의 사회적 경험에 영향을 미칠 수 있다. 이처럼 번거롭고 어려운 일에 직면했을 때 생기는 불안은 사실 정상적인 감정이다.

일반적으로 사회활동에 대해 어느 정도 불안을 느끼는 사람은 교제할 가치가 있는 사람이다. 그들은 다른 사람의 감정에 더 민감하고, 경청 능력이 뛰어나며, 다른 사람을 더 쉽게 이해하고 배려한다. 적당한 긴장은 주변의 변화를 쉽게 감지할 수 있게 해주기 때문이다. 그러나 이러한 불안이 정상 범위를 넘어서면 내 친구처럼 사회활동에 어려움을 겪고 위축되는 행동을 보일 수 있다.

사회적 불안을 야기하는 세 가지 원인

1. 통제력 상실

앞에서 언급한 바와 같이, 사회활동은 간단한 일이 아니며 그 안에는 우리가 통제할 수 없는 측면이 많다. 사회적 불안을 느끼는 일부 사람들은 통제력을 갈망하기 때문에 사회활동을 꺼린다. 반면 사회활동에 비해 게임, 영화 감상 등 혼자 할 수 있는 활동은 자신이 선택하고 통제할 수 있는 부분이 많기 때문에 훨씬 홀가분하고 편안하게 느껴진다.

당연한 이야기지만 사회활동을 하다 보면 낯선 환경과 낯선 사람을 마주하는 것은 피할 수 없다. 어쩌다 아는 사람들과 만나도 상대방이 무슨 말을 할지 예측하거나 통제할 수 없고 이로 인해 자신이 어떻게 반응해야 할지 감을 잡을 수도 없다. 만약 서로 의견이 맞지 않거나 어색한 분위기가 이어지면 어떻게 해야 할까? 모순과 갈등이 발생하면 어떻게 해야 할까? 이러한 통제할 수 없는 많은 문제가 불안의 근원이 된다. 그들은 머릿속으로 상상하는 것만으로도 골치가 아프고, 실제 문제가 생겼을 때 자신이 상황을 통제할 수 없다고 생각하기 때문에 편하고 자연스럽게 대처하기가 더 어렵다.

2. 고착화된 사회활동 패턴으로 인한 불편함

우리는 태어날 때부터 사회활동을 시작한다. 부모와 친척, 이웃, 친구 등과의 교제가 모두 사회활동의 일환이다. 그래서 어른이 되기 전에 우리는 이미 사람들 간의 교제에 대한 경험과 가치를 축적하여 초기 사회활동 패턴을 형성했다. 예를 들어, 초등학교에서 반 친구들 간의 교제는 다 같이 공부하고 노는 것인데, 이는 서로 지지하고 동반하는 사회활동의 패턴이다. 그러나 대학에 가면 수강하는 과목과 휴식 시간, 취미가 모두 다르기 때문에 이전의 지지와 동반의 패턴은 더 이상 적용되지 않는다. 이때는 같은 동아리 사람과 취미활동을 하고 그에 대한 의견을 나누거나 같은 취업 목표를 가진 사람과 인턴 경험을 이야기하는 등 정신적인 소통 위주의 패턴이 더 적합하다. 사회에 진출하면 동료 간의 교제는 협력과 공동 업무 목표 달성이 기반이 되며 대학 시절과는 또 다른 패턴을 보인다. 모든 패턴에 일관성이 없고 적절하게 적용하기 어렵기 때문에 서로 다른 대상을 만날 때마다 상황에 맞는 패턴을 선택해야 한다.

과거의 익숙한 방식이 더 이상 적용되지 않기 때문에 사회활동 패턴의 변화에 불편함을 느끼는 사람들도 있다. 이것은 그들이 아직 다양한 사회활동 패턴을 파악하지 못함으로써 발생하는 또 다른 사회적 불안의 원인이 된다. 구체적으로 새로운 동료에게 무슨 말을 해야 할지, 파트너와 어떤 빈도로 소통해야 할지 등을 모를 수 있다. 이전에 확립된 인간관계 패턴이 고착화될수록 이로 인한 정체 현상은 더욱 분명해진다. 왜냐하면 자신을 변화시켜 다양한 사회적 상황에 적응하는 데는 시간이 걸리기 때문이다.

3. 평가에 대한 스트레스

앞서 말한 두 가지가 비교적 개인적인 사회적 불안의 원인이라면 자신이 어떤 평가를 받을지 걱정하는 것은 조금 더 일반적인 원인이라고 할 수 있다. 외부의 평가는 많은 이들의 스트레스 요인이다.

사람들은 모두 자신이 다른 사람에게 부족해 보일까 봐 걱정한다. 사회활동이 우리를 불안하게 만드는 이유는 모든 사람이 자신이 실제로 가지고 있지 않은 모습을 드러내려고 하기 때문이다. 일부러 의도하지 않았지만 자신도 모르게 저절로 매력을 발산하려고 갖은 애를 쓴다.

다른 사람이 당신을 쩨쩨하다고 말할까 봐 서둘러 식사비를 계산하고, 다른 사람이 당신을 재미없다고 평가할까 봐 시답지 않은 농담을 늘어놓는다. 또 당신에게 부정적인 에너지가 너무 많다고 할까 봐 편하게 하소연도 하지 못한다. 이런 사회생활에 오랫동안 노출되어 있는데 누가 불안하고 지치지 않겠는가? 투자에 실패한 내 친구는 혹시라도 주변에서 자신을 실패자라고 생각할까 봐 사회적 불안이 생겼다.

물론 사회적 불안의 원인은 이 세 가지에만 국한되지 않는다. 상황적 요인이나 개인 생활에서 느끼는 스트레스, 자기인식 등 다양한 요인이 일시적인 불안을 유발하여 사회활동에 직접적인 영향을 미친다. 그러나 원인이 무엇이든 사회적 불안은 치료할 수 없는 것은 아니며, 완화될 수 있고 완전히 변화될 수 있는 기회도 있다.

불안이 엄습할 때 무엇을 해야 할까?

첫째, 불안을 직시하고 그것의 존재를 인정하라

어떤 사람들은 자신의 문제를 숨기고픈 마음에 사회적 불안을 갖고 있다는 사실을 인정하지 않고 늘 다양한 이유를 찾아 사회활동을 피하는데, 이는 증상을 점점 더 악화시킬 뿐이다. 사회활동에 대해 이전과 다른 스트레스나 긴장감을 느끼거나 심지어 벗어나고 싶다는 생각이 들더라도 절대 피하지 말고 자신에게 사회적 불안이 있다는 사실을 솔직하고 확실하게 말해야 한다. 방 안에 오랫동안 우리를 괴롭히던 파리가 있다는 사실을 인정하지 않으면 파리채를 휘둘러 적극적으로 파리를 없애려 하지 않을 것이다. 불안을 인정하는 것은 부끄러운 일이 아니다. 우리에게 각자의 문제가 있듯이 불안도 그런 문제 중 하나이다. 어떻게 보면 더 보편적인 일일 수도 있다.

둘째, 진짜 원인을 찾아라

일시적이고 특정한 문제로 불안을 느낀 경우에는 불안을 무시해도 된다. 하지만 앞서 언급한 세 가지 상황으로 인해 불안이 발생한 경우라면 정확하게 대처할 필요가 있다. 문제 해결의 근본적인 방법은 문제가 발생한 곳에서부터 해결하는 것이다. 우리가 맨땅에서는 결코 수영을 배울 수 없듯이 사회활동에서 겪는 문제도 그 상황으로 돌아가서 해결해야 한다.

통제감이 낮은 사람은 먼저 자신이 할 수 있는 것이 무엇이든 간에 통제할 수 있는 것은 자신뿐이라는 것을 깨달아야 한다. 갑작스러운 폭우나 예상치 못한 교통체증, 예측할 수 없는 업무 변동과 같이 그들이 통제할 수 없는 부분은 사회활동을 통해 완전히 피할 수 없으며 여전히 생활 속에 존재할 것이다. 그러므로 통제할 수 없는 부분을 바꾸려고 노력하지 말고 그 사실을 받아들이고 자신의 마음가짐이나 의사소통 방식 등 통제할 수 있는 부분을 조절하는 것이 낫다. 사회활동은 결코 쉽지 않은 훈련장이다. 통제력이 낮은 사회활동에 적응하는 방법을 배우고 끊임없이 조절하면서 통제 불가능한 일에 대처하는 방법을 찾아야 한다. 이러한 기술은 삶의 모든 측면에 적용할 수 있다.

불안이 고착화된 사회생활 패턴으로 인해 발생한다면 관찰과 학습을 통해 바꿀 수 있다. 다양한 사회활동에 참여해 보는 것도 좋은 방법이다. 아직 어떻게 대처해야 할지 모른다면 인간관계에서 물 만난 물고기처럼 자연스럽게 행동하는 사람들의 행동을 관찰하고 모방할 수 있다.

또한 사교 장소에 열심히 참여하는 것도 잘못된 인식과 당신과의 연결을 끊어낼 수 있다. 이미 마음속에 사회활동과 불안의 강한 연결고리를 형성했기 때문에 이 연결을 끊으려면 당신은 반드시 사회활동에 완벽하게 적응해야 한다. 만약 당신이 사회활동에 자유로움을 느낄 수 있다면 적응력은 높아져 불안도 따라서 줄어들 것이다.

외부 평가가 걱정돼 사회활동을 기피하는 사람들이 배워야 할 것은 남들 앞에서 좋은 이미지를 유지하는 방법이 아니라, 자신의 장점은 살리되 단점을 숨기지 않고 있는 그대로의 자신을 보여주는 것이다. 자신에게 없는 모습을 평생 연기할 수 있는 사람은 없고, 쓸모없거나 가치가 없는 사람도 없다.

셋째, 불안과 함께 지내는 방법

일부 사람들에게 사회적 불안은 완화될 수 있어도 근절될 수는 없다. 그렇다고 이것이 평생 정상적인 사회활동을 하지 못하고 괴로워하며 살아야 한다는 것은 아니다. 그것이 항상 존재한다는 것을 받아들이는 것도 하나의 치료법이다. 일부 만성질환처럼 그것을 인생의 일부로 간주하면 부담 없이 공존하며 잘 살아갈 수 있다.

다양한 방법을 시도해 보았지만 여전히 사회활동에서 완벽한 편안함과 여유를 느낄 수 없다면 늘 당신을 긴장시키는 상황과 그것이 당신에게 어떤 영향을 미치는지 생각해 보고 나쁜 결과를 최대한 피할 방법을 강구해야 한다. 당신이 자신을 잘 아는 것처럼 사회적 불안에도 익숙해질 필요가 있다. 여러 시도를 통해 당신은 단둘이 만나는 것에 비해 여러 사람이 모이는 것이 더 불편하고 부담스러워서 침묵으로 일관할 수밖에 없다는 것을 알게 됐지만, 모임에 온 사람 중 그래도 잘 아는 사람과 이야기를 나누면 즐겁고 편안한 기분을 느낄 수 있다고 해 보자. 그러면 다음에 이와 비슷한 상황에 직면해도 당황하지 않을 수 있다. 불안이 여전히 존재하더라도 충분히 감당할 수 있고 나름의 유용한 전략이 있다는 사실을 알고 있기 때문이다.

사회적 불안과 조화롭게 살아가는 또 다른 방법은 사회적 욕구가 무엇인지 명확히 아는 것이다. 아무런 이유 없이 모임에 가기보다는 사회적 불안을 극복하고자 하는 기대가 있어야 한다. 이 이유와 기대가 바로 '사회적 욕구'이다. 이유가 무엇이든 이것은 자신의 불안에 지나치게 매몰되지 않도록 하는 좋은 방법이다. 사회활동에서 사회적 욕구에 더 집중하다 보면 불안은 자연스럽게 사라질 것이다.

만약 당신이 사회적 불안이라는 문제를 가지고 있더라도 너무 걱정할 필요가 없다. 불안 자체가 두려움의 존재는 아니다. 우리가 두려워해야 하는 것은 자신이 무엇을 불안해하는지 몰라서 문제를 회피하는 것이다. 당신이 이 세상을 이해하듯이 자신의 사회적 불안을 이해하고, 기꺼이 그것을 직시하고 완화시키고 조화롭게 공생할 의향이 있다면 당신은 사회적 불안을 해결할 수 있을 것이다.

냉철한 판단

◆

**결혼과 연애에서
위험요소 감별하기**

최근 몇 년 동안 함께 사는 배우자를 살해하는 사건이 심심치 않게 벌어지고 있다. 이런 뉴스를 접할 때마다 깊은 충격에 휩싸이고 여기에 비혼주의로 사는 것이 차라리 안전하다는 논평이 나오는 것을 보고 있으면 왠지 모르게 씁쓸함이 느껴진다. 결혼과 출산은 원래 행복으로 가는 길이었는데 어쩌다가 죽음을 향해 질주하는 불행으로 가는 길이 되어버렸을까? 두려움 앞에서 방어기제가 발동하지만 그렇다고 결혼과 연애 자체에 적대감을 느낄 필요는 없다. 이런 부정적이고 자극적인 뉴스는 결코 두려움을 유발하려는 의도는 아니다.

우리가 두려움을 느낄 수 있는 정보를 많이 받지만 다른 관점에서 보면 이를 통해 위험한 사람과의 관계를 구별하는 방법을 배울수 있는 몇 가지 규칙을 얻을 수 있다. 운전학원에 가서 처음 운전을 배울 때 참혹한 교통사고 사례를 많이 접하게 된다. 하지만 이것은 초보자에게 겁을 줘서 평생 운전을 못하게 하기 위한 것이 아니라 언제든지 발생할 수 있는 위험에 대해 경각심을 갖고 사고를 피하는 방법을 배워서 위험으로부터 최대한 벗어날 수 있도록 하기위함이다.

그럼 결혼과 연애 관계에서 위험한 사람을 어떻게 구별할 수 있을까? 나는 다음과 같이 두 가지 방법을 제안하고자 한다.

상대방의 감정 조절 방법 살펴보기

그것이 이타적이든 타인에게 상처를 주는 행동이든, 그 이면에는 개인의 감정을 발산하려는 핵심 욕구가 있다. 행동은 모두 감정에 의해 움직인다.

결혼과 연애 관계에서 다툼은 필연적인 산물이지만, 그렇다고 다툼이 폭력적이고 위험한 행동을 유발한다는 의미는 아니다. 이런 상황에서도 스스로 위로하거나 친구에게 털어놓거나 쇼핑을 하는 등 비교적 무해한 방법으로 감정을 조절하는 사람도 있다. 그러나 이와 달리 사람을 극단으로 몰아넣을 수 있는 두 가지 유해한 감정 조절 방법이 있다.

첫째, 분노형

이러한 감정 조절 방법을 가진 사람은 갈등 앞에서 지나치게 화를 내고 욕설을 퍼붓는다. 때로는 언어폭력에서 신체폭력으로까지 확대되는데, 이러한 신체폭력에는 자신과 상대방을 향한 것뿐만 아니라 물건을 던지거나 벽을 부수는 등 '제3자'를 향한 폭력 행동도 포함된다. 이렇게 감정을 발산하는 방법은 통제할 수 없으며 처음에는 비교적 안전한 범위 내에서 벌어지지만 다음에는 '사물에서 사람'으로, '상해에서 살해'로 이어질 수 있다. 감정의 노예가 되면 사람이나 사물이나 상관없이 그들에게는 감정을 발산하는 한낱 도구에 불과할 뿐이다.

둘째, 억압형

전혀 화를 내지 않고 자신의 감정을 외부로 표현하지 않는 사람도 있다. 겉으로 봤을 때는 성격이 좋아 보일 수 있지만, 이 감정 조절 방법 자체만으로도 위험이 따른다. 감정은 교양이나 감성지수[EQ]

와는 아무런 관련이 없는데, 이는 아무리 교육을 잘 받았거나 EQ가 높은 사람이라도 감정을 가지고 있기 때문이다. 단지 그렇게 격렬하고 명확하게 표현하지 않고 상대적으로 절제된 방식으로 표현하는 것뿐이다. 이런 유형의 사람들은 자신의 감정을 완전히 숨기거나 완전히 상반된 감정을 드러내기도 한다.

2020년도 중국 최고의 화제작으로 꼽히는 드라마 〈나쁜 아이들隱秘的角落〉의 장동성張东升을 보자. 대외적으로 가정적인 남편이라는 칭찬을 받던 그는 아내의 이혼 요구와 이혼에 동의한 장인, 장모에게 참을 수 없는 분노를 느끼지만 겉으로는 믿을 수 없을 만큼 침착함을 보여준다. 그리고 며칠 뒤 그는 장인, 장모와 함께 등산을 갔다가 두 사람 모두 절벽에서 밀어버린다. 마음속 감정을 억누르면 부정적인 감정이 기하급수적으로 커져서 모든 것을 무너뜨릴 수 있는 거대한 에너지가 되고, 결국 도화선이 되어 폭발하게 된다.

'분노형'인 사람은 쉽게 알아차릴 수 있지만, '억압형'인 사람은 오히려 안전하다는 느낌을 준다. 그러니 화를 내지도 않고, 낼 줄도 모르는 사람이 다른 사람에게 상처를 줄 수 있다고 상상이나 하겠는가? 하지만 현실은 정반대다. 그들은 감정을 합리적으로 표현하지 못하기 때문에 감정을 마음속에 억누르는 것이며, 이는 감정 조절이 제대로 되지 않아 부정적인 감정이 계속 축적되고 있음을 보여준다. 어쩌면 조만간 그들은 감정에 사로잡혀 통제할 수 없는 극단적인 행동을 할지도 모른다.

　감정 조절 방법은 한 사람이 안정을 유지하는 능력을 보여주는 중요한 지표이므로, 연애 중에 상대방이 자주 화를 내거나 극도로 참는 모습을 보인다면 반드시 경계해야 한다. 그들은 금수禽獸를 넘어 맹수猛獸가 되어 사람을 다치게 할 수도 있다.

상대방의 '귀인양식Attributional Style' 살펴보기

　귀인양식은 긍정적이든 부정적이든 사건이나 상황의 원인을 어떻게 생각하는지를 의미하는데, 내부 귀인과 외부 귀인, 두 가지 유형으로 나눌 수 있다. 누구나 자신이 겪는 사건이나 상황을 이해하기 위해서는 먼저 그 원인을 찾는다. 이때 사건이나 상황의 원인을 자기 잘못이라고 생각하는 것을 '내부 귀인', 상대방의 잘못이라고 생각하는 것을 '외부 귀인'이라고 한다. 예를 들어 외부 귀인의 성향을 가진 사람은 회사에서 일이 잘 안 풀리면 회사와 이사들의 문제라고 생각하는 반면, 내부 귀인의 성향을 가진 사람은 일 처리 능력이 부족한 자신을 반성하고 돌아본다.

　성격이 운명을 결정하는 것처럼 귀인양식 역시 운명을 좌우할 수 있을 뿐만 아니라 다른 사람의 운명까지 바꿀 수 있다.

외부 귀인에 익숙한 사람은 불평하고 책임을 회피하기를 좋아하며, 자신을 거의 바꾸지 않고 문제가 생겨도 가만히 앉아서 상황이 나아지기만을 기다린다. 하지만 상황은 결코 호전되지 않는다. 만약 자신에게만 영향을 준다면 몰라도 외부 귀인은 주변 사람들에게까지 영향을 미치거나 심지어 상처를 줄 수도 있다. 그들은 항상 자신이 아닌 다른 사람과 상황을 탓하기 때문에 오직 다른 사람의 잘못과 잘못에 따른 처벌, 자신의 불만을 해소하는 방법에만 관심을 갖는다. 그들은 사회적 불의로 인해 자신의 욕구가 충족되지 않는다고 믿기 때문에 문제를 해결하는 방법에 초점을 맞추는 것이 아니라 어떻게 다른 사람에게 복수하고 상처를 주어 자신의 만족을 얻는지에 초점을 맞춘다.

반면, 내부 귀인에 익숙한 사람은 자신을 반성하고 향상시키며 삶을 개선하려고 한다.

합리적이고 건강한 귀인양식은 유연함이다. 모든 상황을 사실에 근거하여 보이는 대로 판단하는 것이다. 이런 태도는 다른 사람의 잘못을 발견할 수 있을 뿐만 아니라 자신의 문제도 인식하고 사건과 상황을 좀 더 객관적으로 볼 수 있다. 상대방이 외부 귀인의 성향을 자주 보인다면 불평은 가장 가벼운 고통일 수 있다. 언젠가 당신이 외부 세계에 복수하는 희생양이 될 수도 있다는 사실이 가장 두려운 점이다.

마지막으로 위의 두 가지에 모두 해당한다고 해서 그 사람이 반드시 극단적인 행동을 한다는 의미는 아니라는 점을 명심하자. 하지만 당신을 불편하게 만드는 관계와 당신을 불행하게 만드는 사람 사이에서는 최악의 상황이 일어나기 전에 떠나는 것이 자신을 보호하는 최선의 방법이다.

깨어날수록 자유로운 나

7장

진짜 자아와의 만족한 애완

인생무상의 막막함

**막막함을 느낄 때가
가장 완벽한 출발 시기이다**

상담일지와 위챗 대화기록을 보다가 '막막함'이라는 단어를 검색해 봤는데, 깜짝 놀랄만한 결과가 나왔다. '목표', '자유', '이상', '걱정'처럼 연관된 단어들도 적지 않게 등장했다.

막막함은 집단 무의식이다

많은 사람이 막막하고 목표 없는 삶을 살아간다. 나 역시 그랬다.

얼마 전 열린 분기별 인사고과에서 대표가 나에게 향후 3년의 목표가 무엇인지를 물었다. 갑작스러운 질문에 놀란 나는 미처 대답하지 못했다.

'3년? 3개월 후도 모르는데, 어떻게 3년의 목표를 말하라는 거지?'

그러면서도 많은 이들이 목표가 없는 막막한 상태를 받아들이지 못하는데 어떻게 매일 바쁘게 살아가는지 도무지 알 수 없었다.

현재와 미래에 대한 모호함과 불확실성은 늘 우리 주변을 맴돌고 있다. 도시를 뒤덮은 스모그처럼 불확실성은 어떻게 해도 좀처럼 사라지지 않는다. '막막함'은 단계적 성격을 띠지 않기 때문에 사춘기나 사춘기 이후, 심지어 중년기까지 관통하는 상태이다.

지하철에서 고개를 숙인 채 바쁘게 무언가를 하는 사람들을 보고 있으면 이런저런 생각을 하게 된다.

'저 사람은 자기가 어떤 삶을 살고 싶은지 생각해 본 적이 있을까?'

'저 사람은 삶의 목표가 무엇이고, 그 목표를 어떻게 달성해야 하는지 알고 있을까?'

각종 매체나 영향력 있는 SNS 채널을 통해 누구든지 확실한 목표가 있어야 한다는 말을 자주 듣는다. 그렇지 않으면 방향을 잃어버린 배처럼 부두에 정박하지 못하고 망망대해를 떠다니게 될 것이라고 한다. 물론 틀린 말은 아니다. 그래서 아직 구체적인 목표를 세우지 못한 사람들은 집단 무의식의 영향으로 당황하거나 불안해하기 시작한다. 치명적인 것은 구체적인 삶의 목표나 이상이 없는 것뿐만 아니라 목표를 잃은 자신의 상태를 받아들이지 못한다는 점이다. 그들에게 목표가 없다는 것은 벌거벗겨져 길에 내쳐진 것처럼 부끄러운 일이다. 그래서 당장 몸을 가릴 천 조각을 구하느라 허둥지둥 댄다. 어떤 천 조각이든 상관없이 일단 가리고 나서 이야기한다.

나도 비슷한 경험을 해봤는데, 대학원 졸업을 앞둔 때였다. 그전까지는 나 또한 인생 목표가 뚜렷한 사람이었다. 국내에서 심리학 연구를 마친 뒤 유학을 가서 박사학위를 받고, 귀국하여 학생을 가르치면서 상담을 병행할 생각이었다. 그런데 막상 대학원 마지막 학기가 되자 길을 잃고 방황하기 시작했다. 그냥 문득 내가 원하는 삶이 아닌 것 같다는 생각이 들었다. 심리학이라는 학문을 깊이 이해할수록 내 한계를 마주하게 됐고, 내가 얼마나 부족한 사람인지 뼈저리게 깨달았다. 솔직히 내가 꿈꾸던 이상적인 삶은 겉으로 그럴듯해 보이긴 하지만 사실 많은 두려움으로 가득 차 있었다.

마지막 학기 내내 우울하게 보냈다. 무슨 일을 해도 흥미가 떨어졌고 심지어 아무것도 하기 싫었다. 이른 아침부터 저녁까지 나의 다음 스텝은 무엇인지, 어디로 가야 할지 깊은 고민에 빠져 있었다. 그때 지도교수님께 허심탄회하게 고민을 털어놓았다. 내게 향후 계획을 묻는 교수님의 질문에 예전처럼 유학을 갈 거라고 자신 있게 대답할 수 없었고 부끄럽지만 뚜렷한 목표가 없고 뭘 해야 할지 모르겠다고 솔직하게 말씀드렸다. 그러자 교수님이 이런 말씀을 해주셨다.

"잠깐의 막막하고 모호한 상황을 받아들이는 것도 성장이고 발전이야. 분명하게 결정을 내리지 못한 걸 보니 아직 준비가 안 됐나 보네."

교수님의 이 말씀은 당시 나에게 큰 위로가 됐다. 망설이고 주저하던 내 모습을 받아들일 수 있게 되었고, '막막함'이란 결코 '후퇴'가 아니라 지극히 정상적인 현상이며 경험을 쌓고 발전할 수 있는 절호의 기회라는 것을 알게 되었다. 나는 목표가 없어서가 아니라 '목표가 없는 사람'이라는 사실을 받아들이지 못해서 불안했던 것이다.

막막함은 시대적 촉매의 결과다

　우리 세대가 받은 교육은 자신과 세계를 인식하는 방법과 자신에게 적합한 인생 목표를 찾는 방법을 명확하게 가르치지 않았다. 유치원부터 고등학교까지 오로지 대학 입시라는 한 가지 목표를 향해 맹목적으로 달리고 심지어 전공조차 부모님과 선생님이 결정하기 때문에 우리는 그 결정을 따르기만 하면 된다. 대학에 들어가고 나서야 비로소 인생 목표를 세워보려고 하지만 이마저도 쉽지 않다. 때마침 사회를 강타한 성공을 위한 온갖 자기계발 열풍과 시대적, 환경적 압박에 떠밀려 많은 사람이 '전망 있고 성공할 확률이 높은 길'이라고 인정한 목표를 선택한다. 그중에는 이미 성공가도를 달리고 있으면서도 자신이 무엇을 원하는지 모르는 사람도 있다. 이 사실이 그저 놀라울 뿐이다. 목표가 없는 사람은 정상적인 사람으로 보지 않고 시대와 주변 사람들에게 받아들여지지 않는다. 이는 이 시대가 사람들에게 성공과 이상을 추구하게 하고 그에 맞는 품격과 자질을 갖추도록 압박하기 때문이다.

　그렇다면 목표가 없는 사람은 어디로 가야 할까? 백일몽에서도 그들은 자신을 받아들이지 못한다. 그들이 설 자리는 없다. 그래서 사람들은 진정한 인생 목표를 찾기보다는 자신의 막막함과 무력함을 가려줄 무언가를 찾는다. 면접을 본 사람이라면 누구나 자신의 목표나 이상에 관한 질문을 받아보았을 것이다. 면접관이 원하는 대답을 하느라 마치 이제 막 정치계에 입문한 초선 정치가가 열정적으로 미래의 청사진을 그리는 것처럼 장황하게 아무 말이나 늘어놓는다. 그리고 면접장을 나오는 순간 가슴에 손을 얹고 자문해본다.

'나에게 정말 이렇게 큰 목표가 있었다고?'

'내가 무엇을 원하는지 명확하게 알고 있다고?'

물론 목표가 필요하다는 사실을 부정할 생각은 없다. 하지만 목표란 반드시 가지고 있어야 하는 필수적인 요소는 아니다. 목표는 배우고 성장하고 탐색하고 시도하는 과정에서 얻을 수 있다. 하루아침에 결정되는 것도 아니고 다른 사람에 의해 결정되거나 성공한 인사가 밟아온 길을 모방하는 것으로 결정할 수도 없다. 뚜렷한 목표가 수립되기 전에 반드시 거쳐야 하는 과정이 있는데, 바로 암흑기다. 이 단계를 침착하고 담담하게 지나는 사람이 있는가 하면 당황하고 어찌할 바를 몰라 전전긍긍하는 사람도 있다. 암흑기를 있는 그대로 받아들이지 않으면 어둠이 주는 두려움과 공포에 사로잡히고 만다. 시간적인 측면에서도 당신이 견디지 못하는 시간이 길어질수록 암흑기는 점점 길어질 뿐이다.

얼마 전 고통의 개념을 다룬 TED 강연을 봤다. 강연자는 우리가 평소 느끼는 고통은 우리가 객관적으로 감당할 수 있는 고통의 지수와 동일한 값이 아니며, 최종적으로 우리가 느끼는 고통의 정도는 객관적인 고통에 내면저항지수를 곱한 값이라고 했다. 이 공식은 객관적인 것과 주관적인 것의 차이를 명확히 하고 우리가 느끼는 것을 좌우하는 것에는 주로 '수용-저항'의 양식이 관련되어 있음을 매우 직관적으로 알려준다. 마찬가지로 막막함의 정도도 우리가 목표가 없는 상태에 의해 직접 생성되는 것이 아니라 그것을 어떻게 받아들이고 저항하느냐에 따라 결정된다.

막막함을 받아들이는 순간, 막막함은 사라진다

저항할수록 더 막막해진다. 받아들이기로 결정하면 실제로 막막함이 줄어들 것이다. 목표가 없는 상태는 피할 수 없지만 막막함의 정도는 마음먹기에 따라 얼마든지 줄일 수 있다.

미국의 심리학자 칼 로저스Carl Ransom Rogers는 "'자아'란 모든 경험을 합한 결과이므로 목표가 없는 당신도 당신의 일부'라고 말하며 이렇게 덧붙였다.

"당신이 목표 없는 상태를 통제하려 든다면 분열을 초래할 뿐이다. 목표 없는 상태와 당신은 더 이상 하나가 아니며 당신은 이것을 이질적인 것으로 간주하는데, 이는 질서를 무너뜨리는 시도나 다름없다. 자신의 일부를 이질적인 것으로 여기고 배척하면 오히려 이질적인 그것이 당신에게 저항하는데, 이것이야말로 더 큰 무질서가 아닐 수 없다. 그러면 당신은 더 통제하고 싶어지고 그럴수록 이질적인 그것은 더 빨리 성장하고 결국 큰 문제가 될 것이다."

목표가 없는 상태는 심각한 문제가 아니다. 그것도 현재 자아의 일부일 뿐이다. 그렇다고 목표가 없는 상태를 바꿀 방법이 아예 없는 것은 아니다. '자아'는 유동적이고 변화하기 때문에 목표 없는 상태 또한 긍정적인 방향으로 바뀔 가능성이 있다. 그러니 목표가 없다는 사실을 받아들인 후 우리가 해야 할 일은 바로 목표를 찾는 일이다. 빠르고 직접적일 필요는 없다. 목표를 찾기 전까지는 우회해서 전진하는 것이 좋다. 꿈을 이룰 수 없다는 사실을 깨닫고 출구를 찾을 수 없어 삶이 방향을 잃었다고 느꼈을 때 상황을 바꾸려고 무언가 시도해 본 적이 있는가?

대부분의 사람들은 기계처럼 맹목적으로 움직이며 매일 똑같은 하루를 보낸다. 얼마 전 삶의 목표를 잃어버리고 나를 찾아온 내담자가 있었다. 최근 2년간 어떻게 살아왔는지 편하게 이야기해달라는 나의 말에 그는 선뜻 말문을 열지 못했다. 그는 매일 똑같이 출근하고 퇴근한 것 말고는 딱히 한 게 없는 것 같다고 했다. 정말 실제로 특별한 일이 없었다. 그는 지금 하는 일이 자신에게 맞는 일인지 몰라서 그저 막막하다고 했다. 지난 2년간 막막함의 정도가 커진 것 말고는 큰 변화는 없어 보였다. 지금의 그는 2년 전과 똑같았다.

우리가 막막하고 목표 없는 상태를 받아들인다고 해서 손 놓고 아무것도 하지 말라는 뜻은 아니다. 우리가 해야 할 일은 현재를 살면서 끊임없이 생각하고 변화하는 것이다. 가만히 앉은 채 하늘에서 감이 떨어지기만을 기다려서는 안 된다. 노력과 행동이 수반되어야 한다.

막막할수록 무엇이든 시도하라

자신이 어떤 상태를 원하는지 모르겠다면 이 시기를 활용해 흥미를 느낄만한 다른 분야를 탐색해 보는 것도 좋다. 정해진 방향이 따로 없다는 것은 오히려 새로운 세계의 문을 여는 열쇠와 같다.

스포츠 채널의 편집자로 활동했던 전 동료는 매일매일 다양하고 핫한 스포츠 뉴스를 접하면서도 스포츠에는 전혀 관심이 없었다. 그는 진심으로 업무에 몰입한 적이 없었고 그에게 일은 그저 가족을 부양하기 위한 수단에 지나지 않았다. 그런데 어느 날 평소대로 일을 하고 있는데 갑자기 육상이 무척 재미있어 보였다. 그리고 자신의 뚱뚱한 몸을 내려다보며 적어도 달리기를 하면 살을 뺄 수 있겠다는 생각이 들었다. 그는 운동화를 사서 매일 밤 달리기 시작했다. 그리고 얼마 지나지 않아 아무것도 모르고 신청한 마라톤에서 100위권에 드는 놀라운 성적을 거두었다. 그 뒤로 그는 중국 전역, 심지어 세계 각지에서 열리는 마라톤 경기에 참여했다. 하지만 그는 여전히 예전 그 사람이다. 달라진 것은 없다. 그저 꾸준히 달리는 편집자가 되었을 뿐 목표가 없기는 마찬가지였다. 그러나 2년 후, 그는 한 강연회에 초청되어 마라톤 참가 경험을 이야기했고 관객들에게 뜨거운 반응을 얻었다. 관객들은 그의 풍부한 경험뿐만 아니라 짙은 호소력과 표현력에 높은 점수를 주었다. 이는 모두 무료한 대학 시절 동아리에서 배웠던 실력이 빛을 발한 순간이었다. 당시 그가 스피치 동아리에서 실력을 쌓아왔다는 사실을 잊어버렸을지 모르지만 과거의 작은 흔적은 의외의 장소에서 새로운 기회를 부여한 셈이다.

그 후로도 그는 계속 강연에 초청받았고 지금은 전문 육상 선수

이자 트레이너가 되었다. 목표 없는 상태를 받아들이고 인정하는 것 외에 해야 하는 것은 '무엇이든 도전하고 시도하는 것'이다. 여기에 인색해지지 않길 바란다. 언제 어디서 자신에게 가장 적합한 인생 목표를 발견하게 될지, 기존의 막막함을 돌파할 수 있을지 알 수 없다. 나 또한 수많은 책을 읽고 많은 사람의 이야기를 들으며 세계 각지를 여행한 경험이 인생의 목표와 어떻게 연관될지 짐작조차 할 수 없지만, 감정과 지식을 꺼내 문자로 표현하는 과정에서 오랜 세월 내 안에 축적된 모든 사례와 지식은 하나도 헛된 것이 없다는 것을 비로소 깨달았다.

막막할 때도 멈추지 않고 이것저것 시도해 보고 경험해 봐서 얼마나 다행인지 모른다. 지금도 뚜렷한 방향과 목표가 보이지는 않지만 앞으로 나아가기 위해 고군분투하는 중이다.

중국의 유명 심리학자 거상저런格桑澤仁은 '앞이 막막하면 깨어나서 분명히 볼 줄 알아야 하고, 깨달은 뒤에는 옳은 일을 선택하고 행동해야 한다'고 했다. 막막해서 아무것도 보이지 않는 상황이라면 누가 봐도 옳은 일을 해야 하고, 자신이 무엇을 원하는지 분명히 알게 되었다면 옳은 일 가운데서도 자신에게 더 이로운 일을 선택해야 한다는 뜻이다.

막막하다는 이유로 가만히 있는 것은 좋은 태도가 아니다. 과거의 모습에 갇혀 지내는 것도 좋지 않다. 당신이 해야 할 일은 어쩌면 가장 간단한 일일지도 모른다. 내 친구처럼 휴가 기간에 티베트로 여행을 갔다가 돌아와서 여행 에세이를 쓰다 보니 이것이 자신이 간절하게 찾던 일이고 인생 목표로 삼을 수도 있겠다는 생각이 들 수도 있다. 현재 그의 여행 에세이는 백만 부 이상 팔렸고 그는 이미 베스트셀러 작가 반열에 올랐다.

당신의 발끝이 향하는 방향이 당신이 선택한 방향이며, 당신이 내딛는 모든 발걸음이 최종 결과를 결정한다는 사실을 잊지 말기를 바란다. 인생의 목표를 정하는 일이 생각만큼 간단하지 않아서 오랫동안 생각해 봐야겠다고 한다거나 얼마 전에 읽은 책에서 누구에게나 적절한 때가 있으니 하늘의 뜻을 기다려야지 함부로 행동해서는 안 된다고 한다면 나도 할 말은 없다. 그저 당신이 삶의 상황을 받아들일 수 있다면 괜찮다. 그러나 무위도식하거나 방향성 없이 살아가지는 않기를 바란다.

아무리 탐색해도 여전히 방향을 찾을 수 없고, 두려움 때문에 아무리 노력해도 예전과 같은 삶을 살 수밖에 없을 수도 있다. 하지만 우리를 변화로 이끄는 요소들은 예상치 못한 순간 우리 앞에 나타난다. 삶의 큰 깨달음은 누군가 무심코 던진 한마디에서 얻을 수 있고, 거리를 걸으면서 스치는 풍경에서 얻을 수도 있다. 그러나 현실에 안주하고 제자리걸음만 한다면 영원히 그 깨달음의 순간은 찾아오지 않을 것이다.

우리의 삶은 무수한 입자가 불규칙하게 움직이는 브라운 운동에 불과하다. 기대했던 대로 꼭 맞아떨어진다고 장담할 수 없지만 멈추지 않고 행동하고 변화하면 불규칙하고 힘든 삶의 순간마다 저항력이 강화된다. 적어도 '인생무상이지만 그래도 최선을 다했다'고 확실하게 말할 수 있을 것이다.

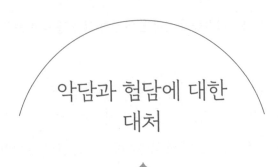

악담과 험담에 대한 대처

✦

나에게 오롯이 집중하기

출판사에서 기획자로 일하고 있는 독자에게 메일 한 통을 받았다. 그가 다니는 출판사는 월급이 그리 높지 않지만 워낙 문학을 좋아하고 경제적 상황도 넉넉하기 때문에 낮은 연봉이 크게 신경 쓰이지는 않는다고 했다. 그런대로 편안한 직장생활을 하고 있었는데, 어느 날 한 직원이 잘못 보낸 채팅 기록을 보고서야 마음에 동요가 일기 시작했다는 것이다.

같은 팀의 동료 몇 명이 자기만 빼놓고 그룹 채팅방을 만들어 자신의 험담을 하고 있었다. 집안이 좋은 그가 연줄을 통해서 출판사에 입사한 뒤 사장님의 신임을 독차지하고 있다는 내용이었다. 심지어 어떤 동료는 분노를 표출하기도 했다.

'그 사람은 집안도 좋은데 뭐가 아쉬워서 여기서 일하는 거야? 집에 가만히 있어도 평생 돈 걱정 없이 살 수 있을 텐데 말이야. 그냥 재벌 2세 놀이나 할 것이지 왜 우리 실적까지 가로채냐고!'

채팅 내용을 다 훑어본 그는 모른 척했지만 속으로는 화가 치밀어 올랐다. 사실 대학을 졸업하고 가족에게 일자리를 부탁했다면 이렇게 작은 출판사에 오지 않았을 것이다. 그저 책을 좋아해서 많은 시간과 열정을 쏟아가며 출판 기획을 하고 싶었던 것뿐이다. 그의 성실함을 알아보고 사장님에게 몇 번 칭찬을 받긴 했지만 고작 한두 번이었다. 동료들 말처럼 집안의 연줄을 이용했다는 말은 조금 억울하긴 했다. 그리고 무엇보다 평소에 겸손하고 친절하게 동료들을 대했다고 생각했기 때문에 이 정도로 동료들의 미움을 받으리라고는 상상도 하지 못했다. 그가 눈치 없이 집안 자랑을 한 적도 없는데 왜 이렇게 악의적인 추측과 뒷담화의 대상이 되었는지 도무지 이해할 수 없었다. 그가 아무리 괜찮은 척하고 있어도 속은 이미 시커멓게 타버렸을 게 뻔했다. 마음이 답답한 그는 나에게 어떻게 하면 좋을지 물었다.

나는 그에게 살다 보면 선의적인 도움과 지지 못지않게 악의적인 공격과 제재를 당할 수도 있으며, 이는 정상적인 현상이라고 말해

주고 싶다. 때로는 이런 악의적인 공격이 당신의 일상적인 언행이나 인격과 직접적인 관련이 없을 수도 있다. 다시 말해 당신이 아무리 노력한다고 해도 남들이 제멋대로 말하는 것을 통제할 수 없다는 이야기다. 다른 사람을 비방하는 사람의 입장에서 보면 이 같은 악의는 어쩌면 단순하고 합리적인 연상(귀인양식이라고도 할 수 있음)에 불과할 수도 있다. 같은 맥락에서 가짜 소문을 퍼뜨리고 비방하는 사람이 당신이 될 수도 있다. 악의는 입장과 기준에 따라 다르기 때문이다. 지하철에서 젊은 청년이 노인에게 자리를 양보하지 않으면 노인을 공경하는 마음이 없다고 할 수 있고, 길에서 남성이 여성에게 소리를 지르면 약자인 여성에게 큰소리를 친다고 흉볼지도 모른다. 또 젊은 여성이 고급 외제 차를 몰고 다니면 틀림없이 집안이 좋거나 돈 많은 남자 친구가 있을 거라고 넘겨짚는다. 이런 경우는 너무 많아서 일일이 다 열거할 수가 없다. 어쨌든 세상에는 이런 인과관계가 존재하긴 하지만 유일하고 정확한 해석은 아니다.

악의적인 공격의 요소는 셀 수 없이 많다

노인에게 자리를 양보하지 않은 청년이 몸이 불편했을 수도 있고, 길에서 고성을 지르며 다퉜던 커플도 사정을 들여다보면 여성의 어떤 행동이 남성을 화나게 했을 수도 있다. 젊고 예쁜 여성이 고급 외제 차를 몰고 다니는 건 그녀의 능력이 출중하기 때문일 수도 있다. 어떤 일이 일어났을 때 그 배후의 원인은 셀 수 없이 많다. 그러나 사람들은 많고 많은 원인 중에서 딱 하나만 골라서 단정 지으려 한다. 대체 왜 그럴까?

첫째, 단순하게 인식하려 하기 때문이다

정신없이 빠르게 돌아가는 세상을 살아가면서 사람들은 어떻게 하면 일을 잘할 수 있는지, 어떻게 해야 돈을 좀 더 많이 벌 수 있는지, 어떻게 하면 우리 가정이 화목해질 수 있는지 등 수없이 많은 고민을 한다. 하루에 얼마나 많은 뇌세포가 죽는지 가늠조차 할 수 없는데, 누가 다른 사람의 인생을 그렇게 곰곰이 생각하겠는가? 하물며 자신에게 중요한 사람도 아니라면 두말할 것도 없다. 이처럼 그다지 중요하지 않은 사람과 일을 판단할 때는 가장 단순하고 거친 방식을 쓴다. 그리고 절약된 시간과 에너지를 더 중요한 정보를 처리하는 데 사용한다. 우리를 향한 객관적이지 않고 부정확한 추측과 판단은 상대방에게는 잠깐 스쳐 지나가는 생각에 불과하다. 그러니 우리에게는 더더욱 중요하지 않을뿐더러 참고할 가치도 없는 헛소리일 뿐이다.

둘째, 모든 인지 방식은 모두 자기중심적 관점에서 시작한다

우리는 사물을 판단할 때는 항상 이기적이며, 사람이나 사건에 대해 결론을 내릴 수 없을 때도 언제나 자신에게 유리한 해석을 선택하고 그것이 진짜라고 굳게 믿는다. 앞서 언급한 출판 기획자의 동료들은 어쩌면 진작부터 회사에 불만을 품고 있었을지도 모른다. 월급은 턱없이 낮고 제대로 된 인정도 받지 못했기 때문이다. 그런데 때마침 그의 집안이 좋다는 것을 알게 되면서 동료들은 자연스럽게 그가 집안 연줄을 이용해서 입사한 뒤 사장의 인정을 독차지한다고 믿으며 그들의 불만을 그에게 투영시켰다. 그러면 내면에 쌓인 불만과 자신의 무능함에 대한 분노를 줄일 수 있다.

언젠가 지하철에서 두 여성의 대화를 우연히 듣게 됐다. 얼핏 들으니 서로 알고 지낸 친구 가운데 잘 나가는 친구가 있었던 모양이다. 두 여성은 경멸과 질투가 가득 찬 어조로 그 친구의 뒷담화를 시작했다.

"걔는 돈 때문에 그 남자랑 사귀는 거잖아. 걔 주제에 어떻게 그렇게 비싼 가방을 들고 다닐 수 있겠어?"

그 친구에 대한 배경 지식이 없어도 두 사람의 대화에서 충분한 우월감이 느껴졌는데, 나에게는 이렇게 들렸다.

'내가 지금 걔만큼 잘되지 않아서 그렇게 비싼 가방을 못 들고 다

니지만 적어도 나는 남자가 아닌 나를 의지하면서 산다고!'

확실히 자신과 무관한 잘 나가는 유명인의 흉을 보는 건 지인을 헐뜯는 것보다 쾌감이 덜하다. 어쩌면 오늘 밤 그녀들은 자신의 뜻대로 되지 않는 삶이 암울하다고 느껴질 때 지하철에서 나눈 대화를 떠올리며 편안하게 잠들 수 있을지도 모른다. 이런 이기적인 귀인양식은 내면의 연약함과 열등감을 보호하는데, 이를 '심리적 방어기제'라고 한다. 모든 문제의 원인을 자신의 실패와 무능함으로 돌리면 그만큼 행복 지수는 크게 떨어질 것이다. 하지만 다른 사람을 비하하고 자신을 높이는 방식을 택하면 자책과 무력감에서 벗어날 수 있다. 누군가 악의적으로 당신을 헐뜯을 때 분명히 주제는 당신을 중심으로 전개되지만 그 뒤에 숨은 진짜 동기는 따로 있다. 그는 당신을 헐뜯는 행위로 자신의 장점을 부각시키려는 것이다. 당신이 관계에 의존한다고 말하는 것은 실제로 자신의 독립성을 돋보이게 하기 위해서다. 당신에 대한 모든 평가는 단지 자신의 자기표현을 위한 것이다. 때로는 이런 자기표현조차도 다른 사람에게 들려주려는 것이 아니라 오직 자신을 위할 때도 있다.

우리의 인식이나 보편적인 귀인양식에 맞지 않는 일들이 여전히 많고, 심지어 우리가 믿는 사실보다 더 많이 일어나지만 우리는 자기가 보고 싶은 것만 보고, 자기 생각과 일치하는 것만 믿으려고 한다.

그 어떤 누구도 일부러 문제를 일으켜 내적 갈등을 일으키고 싶어 하지는 않는다. 하지만 악의적으로 누군가를 헐뜯다 보면 저마다 '실제로 그렇든 아니든, 최소한 내가 본 바로는 그랬어.', '악의가 있든 없든, 직접적인 피해가 있었던 것은 아니다.', '숨겨진 의도가 어떻든 내 인생도 아니잖아.' 하는 식의 자신을 합리화하는 나름의 논리를 형성한다. 그렇게 보면 실제 행동으로 이어지지 않은 그들의 악의는 사실 아무것도 아닌 것이다. 악의적인 행동에 어떻게 대처해야 하는지 물으면 아무것도 하지 말라고 하고 싶다. 그 외에도 원래 어떻게 했어야 했는지, 지금 무엇을 어떻게 해야 하는지에 관한 고민도 하지 말기 바란다.

악의적인 비판에 맞설 수 있는 유일한 '그것'

악의가 담긴 행동에는 아무런 반응을 보이지 않는 게 좋다. 이 세상에 악의는 선의만큼 많다. 물론 나도 선의가 더 많다고 믿고 싶다. 악의를 대응하다 보면 선의에 대한 기억은 좀처럼 떠오르지 않고 악의에 사로잡혀 악의에만 집중하게 될 것이다. 그러면 당신의 눈과 귀, 마음은 온통 악의로 가득 차서 당신에게서도 악의만 드러날 뿐이다.

악의를 악의로 대응하는 악순환은 바꾸기 어렵다. 히가시노 게이고 Higashino Keigo의 소설 『악의惡意』를 보면 이런 내용이 나온다.

'사람의 악의는 잡풀이 무성한 토양과도 같다. 그래서 언제 하늘을 치받고 선 나무를 키워낼지 모른다.'

평생 살면서 잎이 무성한 나무 한 그루를 키울 수 있다면, 지금 그 나무의 씨앗을 선택할 수 있다면 어떻게 하겠는가? 당연히 미래에 선의가 충만하고 풍성한 열매를 맺을 나무의 씨앗을 고르지 않을까? 대부분의 사람들이 악의적인 상황을 마주하면 거기에 반박하여 해명하고 만회하려는 충동을 느낄 테지만, 그렇게 한다고 해서 무슨 소용이 있겠는가?

나는 초등학교 2학년 때 수학 성적이 별로 좋지 않았다. 그래서 그 학기에 가장 극복해야 할 어려움은 바로 수학이었다. 열심히 노력한 결과 중간고사에서 반에서 2등이라는 높은 성적을 얻었다. 솔직히 말해서 그때 감격은 아직도 잊히지 않는다. 그런데 같은 반 친구가 무심코 던진 말 한마디가 찬물을 끼얹듯 감동적인 순간을 와르르 무너뜨렸다.

"너 수학 성적 엄청 잘 나왔다며? 어떻게 찍은 거야?"

나는 아무 대꾸도 하지 않았지만 그 말 때문에 며칠 동안 우울했다.

집에 돌아온 나는 어머니께 하소연하며 무너진 자존심을 세우기 위해 어떻게 하면 복수할 수 있는지를 물었다. 그때 어머니께서 해주신 말씀이 아직도 기억에 남아 있다.

"그 친구랑 따지고 싸우면 과연 기분이 나아질까?"

나는 초등학교 2학년 때 깨달은 이 이치를 어른이 된 지금도 적용하고 있다. 화가 치밀어 올라서 한바탕 따지고 기분을 풀고 무너진 자존심을 회복하고 싶지만 그것은 지나치게 일방적인 방법이다. 정작 당신에게 상처를 준 상대방은 아마도 진즉에 그 일을 잊어버렸을 것이다. 당신의 반박이 오히려 상대방의 추측이 옳았다는 것을 증명할 뿐이다.

당신의 무력한 반박은 그가 마음대로 떠들어댄 판단과 어떤 차이가 있는가? 이런 방식으로는 자존심 회복에도 도움이 안 된다. 그러나 당신의 행동만은 최고의 증명이 될 수 있다. 그것이 가장 좋은 증거다.

당신이 보여줘야 할 일은 묵묵히 그리고 성실하게 자신의 길을 가는 것이다. 지금은 그때처럼 노력과 실력을 증명하기 위해 고득점 수학 시험지를 이용할 필요는 없지만 사실을 가지고 결과로 반격하면 된다.

이 말은 다른 사람의 존중과 신뢰를 얻기 위해서 모든 노력을 기울여야 한다는 것이 아니다. 다른 사람이 칭찬하든 비난하든 초심을 잃지 말고 스스로 존엄성을 부여해야 한다는 뜻이다. 자신을 존중하지 않고 다른 사람과 비교하면 악의적인 의도에 휘둘려 막대한 시간과 에너지, 감정의 대가를 치르게 된다. 심지어 잘못하면 당신 인생도 실패의 길로 들어서고 말 것이다. 또한 악의를 가지고 당신을 억측했던 사람들에게 계속해서 당신을 공격할 빌미를 제공할 뿐이다.

진정으로 존엄성을 갖춘 강자가 되는 것만이 악의에 대응하는 최선의 방법이다. 그러면 그 누구도, 그 어떤 것도 당신을 자극할 수 없다. 그때쯤이면 당신은 어떤 악의적인 비방에도 침묵으로 일관하며 웃어넘길 수 있는 여유를 갖게 될 것이다. 살면서 악의적인 말을 들었을지라도 그와 마찬가지로 선의와 사랑으로 둘러싸여 있다는 사실을 항상 기억하기 바란다. 우리는 악함을 위해 살기보다 선함과 사랑을 위해 살아가야 한다.

동정심 내려놓기

연애로 자신의 위대함을
증명할 필요가 없다

최근 나의 가장 친한 친구 G가 몹시 초조해하며 나를 찾아왔다. 그리고 그야말로 최악의 연애에서 헤어 나오질 못하는 자신의 상황을 털어놓았다. 주변 사람들이 보기에도 그녀의 남자 친구는 한마디로 '인간쓰레기'였다. G도 이에 동의했지만 이별 앞에서는 냉정하고 이성적인 판단이 불가능해 보였다. 그녀는 그가 나쁜 남자라는 것과 헤어져야 한다는 것을 잘 알면서도 여전히 그를 놓지 못하는 자신을 이해할 수 없었다. 그녀의 남자 친구는 단점을 모두 모아서 과녁으로 만들면 순식간에 벌집을 쑤셔놓은 것처럼 너덜너덜해질 정도로 문제가 많았다. 두 사람은 일 때문에 알고 지내다가 그의 적극적인 공세에 못 이겨 결국 사귀게 되었다. 그러나 시간이 지날수록 그의 믿음직스럽지 못한 모습에 친구의 고민은 나날이 깊어졌다.

남자 친구는 직장을 그만두고 창업하겠다는 핑계로 거의 반년 동안 아무 일도 하지 않았다. 이 기간에 생활비는 전부 G가 감당했다. 그 이후 남자 친구도 여러 해 동안 일을 했지만 씀씀이가 헤펐던 터라 모아둔 돈이 없었다. 그 많은 돈은 어디다 썼을까? 알고 보니 사귈 마음도 없는 여자들을 꼬시면서 밥을 사주고 모텔을 들락거리느라 몽땅 써버렸다고 한다. 현장에서 G에게 잡힌 적도 한두 번이 아니었다. 그렇다고 G에게 잘해줬는가 하면 그렇지도 않았다. 사귀기 전에 그가 그녀를 쫓아다닐 때만 잠깐 달콤한 말을 건네고 충성심을 보인 것 외에는 잘해줬다고 할 만한 일은 전혀 없다. 잘해주기는 커녕 G를 마음대로 부려먹고 언어폭력까지 일삼았다.

G는 일찌감치 뭔가 잘못됐다는 생각에 헤어지자고 여러 차례 말했지만, 그는 번번이 변하겠다고 약속하며 시간을 벌었다. 그렇게 의미 없이 반년이라는 시간을 보냈지만 그에게 어떤 변화도 일어나지 않았고 G는 그가 파놓은 거짓 사랑의 함정에 빠져들었다. 헤어지려고 마음을 먹은 적도 여러 번이었지만 항상 실패하고 말았다.

나는 그녀에게 왜 헤어지지 못하는지 물었다.

"어찌 됐든 함께한 시간이 오래되다 보니까 감정이 깊어지고, 그 남자도 헤어지자고 할 때마다 앞으로 안 그러겠다고 약속하니까 그냥 이렇게 헤어지는 게 아쉬울 것 같더라고."

"헤어지면 아쉬울 거라고? 내가 보기엔 진즉 헤어지지 못한 것을 후회할 것 같은데? 너는 그 사람이 언젠가는 잘못을 깨닫고 돌아올 거라고 생각하겠지만 그럴 일은 평생 없을 거야. 그런 사람한테 네 인생을 바쳐야 할지도 몰라. 도대체 언제까지 이렇게 끌려다닐 거야?"

"그러게 말이야. 네가 봐도 내가 참 바보 같지?"

대답하기 어려운 문제다. 솔직히 말해서 G는 자신이 그의 인생을 구제해주는 위대한 구원자라고 착각하고 있다. 그런 점에서 그녀는 바보다. 하지만 그녀가 실제로 이 관계에서 가장 필요로 하는 자아의 성취를 이뤘다는 점에서 그녀는 바보가 아니다.

위대한 구원자 역할 놀이에 빠진 그들의 인생

연애를 하는 동안 상처를 입으면서도 인연의 끈을 여전히 놓지 못하는 사람이 있다. 그들은 자신이 섣불리 헤어지지 못하는 이유를 '사랑' 때문이라고 착각하고 대가 없는 사랑을 주었다고 자부한다. 그러나 사실 그들은 이미 대가를 받은 것이나 다름없다. 그들은 살면서 가져보지 못했던 '성취감'이라는 보상을 돌려받았다.

누가 인생의 의미를 발견하고 자신의 가치를 실현하고 싶지 않겠는가? 사업의 성공이나 행복한 가정, 취미활동을 통해 삶의 의미나 가치를 발견하는 사람도 있고, 마찬가지로 결혼이나 연애 관계에서 삶의 의미와 자기 가치를 실현하는 사람도 있다. 물론 가장 아름답고 균형 잡힌 결과는 꼭 사랑이라는 영역에서만 성취감을 느끼는 것이 아니라 인생의 모든 영역에 걸쳐 풍성하게 얻는 것이다.

하지만 불행하게도 사업과 가정, 인간관계, 자기계발 등의 발전이 항상 성장 기회를 제공하는 것은 아니며 때로는 정체되거나 고통을 주기도 한다. 그 순간 우리는 더 큰 만족감을 줄 수 있는 것처럼 보이는 무언가에 쉽게 끌리고 깊이 빠져들게 된다. 우리의 잠재의식 속에는 나쁜 관계를 개선하고 나쁜 놈을 개조하는 것이야말로 위대한 꿈을 실현하는 것과 같은 '영웅 심리'가 있기 때문이다.

이러한 영웅 심리에 빠진 사람은 자신이 슈퍼맨이라고 상상하며 다른 사람의 운명에 영향을 미쳐야 한다는 사명감을 느낀다. 그래서 어떠한 고난이 와도 절대 그 손을 놓지 않는다. 모든 어려움과 고난은 상대방을 변화시키기 위해 반드시 거쳐야 하는 과정이기 때문에 그들은 자신이 상대방을 위해 희생하고 인내하면서 감동을 주면 언젠가는 상대방이 변할 것이라고 굳게 믿고 있다. 이것은 그들

의 잠재의식이 만든 한 편의 드라마일 뿐이다. 이 드라마 속에서 상
대방은 모두가 경멸하는 '패배자'여야 하고, 자신은 모든 치욕을 견
뎌내는 자비롭고 위대한 '구원자'여야 한다.

만약 탕자가 회개하고 돌아올 수 있다면 하늘도 감격할 만한 눈
물겨운 이야기일 것이다. 그러나 안타깝게도 탕자를 구하는 데 지
불해야 하는 대가는 밑 빠진 독에 물을 붓는 것과 같아서 당신의 모
든 노력이 물거품이 될 수도 있다. 그들은 지금까지 그랬던 것처럼
당신이 더 많은 시간과 물질, 감정을 소비하도록 유도할 것이다.

그럼에도 불구하고 '위대한 슈퍼맨'은 끊임없는 헌신의 과정에서
주변 사람들로부터 칭찬과 동정을 얻음으로써 자기만족을 느낀다.
그들은 위대한 사명은 사회적인 지지와 인정을 받아야 한다고 느끼
기 때문에 이러한 외부의 평가 역시 그들이 느끼는 성취감의 원천
이 된다. 그들이 어려움을 토로하더라도 그 배후에는 자신에 대한
암묵적인 인정과 긍정이 있다. '나는 좋은 사람'과 '그는 나쁜 사람'
이라는 대조는 구원자로서의 자기 이미지를 강화하고 지속적인 헌
신과 끈기의 행동 패턴을 강화한다.

가끔 그들도 쓸데없는 일을 하는 것은 아닌지, 혹은 정말로 이 사
람을 떠나야 하는 건 아닌지 의심하기도 한다. 두뇌는 헤어지라고
하지만 마음은 이미 자신을 구원자로 정의했기 때문에 이런 모순된

상황을 감정적으로 받아들일 수 없다. 이러한 상황에서 그들은 자신의 입장을 합리화하기 위해 변명거리를 찾고 그로 인해 더욱 강한 책임감을 갖게 된다.

G는 남자 친구가 나쁜 사람이라고 생각하면서도 한편으로는 그가 그렇게 될 수밖에 없었던 이유를 찾아주었다. 그 이유는 그를 사랑해주거나 이해해주는 사람이 없었고, 불행한 어린 시절을 보냈고, 사업에 여러 번 실패했기 때문이다. 이러한 이유로 구원자는 상대방을 더욱 안타깝게 여겼고 그러면서 자신의 헌신을 합리화했다. 그를 변화시키는 것이 도의상 거절할 수 없는 운명이자 책임인 것처럼, 그를 떠나는 것은 무정한 일이라 생각했다. 그러나 이것은 자기 스스로 채우는 도덕적 족쇄에 불과하다. 마음속에는 오로지 구원을 기다리는 패배자와 거짓으로 부풀려진 위대한 자아뿐이었다. 정작 자신은 진실에 도달하지 못한 채 헤어 나올 수 없는 나락으로 빠져들었다.

G의 '구원자' 설정은 다른 영역으로도 확대되었다. 현재 G가 속한 팀은 아슬아슬하게 쌓아 올린 계란처럼 몹시 위태로운 상황이나. 그녀를 제외한 팀원들은 모두 대강대강 일하고 있고 팀 전체 실적도 그녀 혼자서 간신히 지탱하고 있다. 그녀는 종종 팀원 간의 업무 분장이 명확하지 않고 다른 동료들이 열심히 일하지 않는다고

불평하긴 했지만 말투에서는 왠지 모를 자부심이 묻어났다. 왜냐하면 그녀는 팀 내 핵심 인물로 무너져 가는 팀의 실적을 끌어올렸다는 사실에 크게 만족하고 이를 통해 성취감뿐 아니라 자존감을 회복했기 때문이다. 물론 그것이 불필요한 희생이었을 수도 있지만 그녀는 기꺼이 총대를 메고 다른 사람의 업무까지도 완수하려 했다.

'타인의 인정 + 가시적 성과 = 자기 가치' 공식의 모순

이런 관계 속에서 구원자들은 너무나도 불쌍한 처지가 된다. 그들은 제단 위에 자신을 희생 제물로 바치고 아무런 저항 없이 요지부동이다. 고난을 이겨내고 사명을 완수하는 것 외에는 선택의 여지가 없다. 이것이 그들이 선택한 '운명'이다. 이런 선택을 한 이유는 자라면서 독립된 인격을 형성하지 못했기 때문이며, 이로 인해 나쁜 관계에 빠지기 쉽고, 고생만 하고 좋은 결과를 얻지 못하는 역할을 자청한다.

독립된 인격이 형성되지 않은 사람일수록 타인과의 상호관계를 통해 자아를 추구하고 발전시키려는 경향이 강하다. 그들의 안정감과 자신감, 성취감의 원천은 대부분 외부 요인이며, 그들의 자아 성장을 촉진시키는 계기 또한 외부 요인의 변화이지 내면 깊은 곳의 외침이 아니다.

그들은 '타인의 인정 + 가시적 성과 = 자기 가치'라는 공식을 뼛속 깊이 새기고 있다. 그러나 이 공식은 성립될 수 없다. 여기에는 '자기 성장'이라는 가장 중요한 요인이 빠졌기 때문이다. 독립된 인격을 상실한 사람은 내적인 기준이 외적인 결과로 모두 대체되어 이미 뛰어난 자질을 지니고 있음에도 불구하고 겉으로 드러나지 않아 타인의 인정을 받지 못한다면 자신이 가치 있는 사람이라는 사실을 인식하지 못할 뿐 아니라 자신의 인생도 무의미하다고 여기게 될 것이다.

또한 그들은 자신을 과대평가하여 자신에게 다른 사람을 변화시킬 수 있는 능력이 있을 뿐 아니라 심지어 불가능한 일이 없다고 생각한다. 그러나 이내 현실과 '자기인식' 사이에 커다란 차이가 존재함을 깨닫는다. 이를 메우기 위해 '구원자'로 몰입하여 끊임없이 타인을 변화시키려고 하고 이를 통해 자아를 인식하려고 한다. 그렇기 때문에 관계가 아무리 최악이라고 해도 섣불리 헤어지지 못하는 것은 만약 둘의 관계가 무너지면 자아실현의 기회가 완전히 사라질 뿐더러 자신을 실패자로 정의할 수도 있기 때문이다.

'내가 이렇게 노력하는데, 왜 그는 변하지 않는 걸까?', '내가 이렇게까지 하는데 그 사람은 왜 나에게 잘해주지 않는 걸까?' 이 질문에 대한 답은 하나같이 자신의 무능함으로 귀결될 것이며, 이는 '구원자'의 역할을 제대로 수행하지 못했다는 생각에 좌절감을 느낄 것이다.

이별 후 그들이 가장 받아들이기 힘든 것은 이별에 대한 슬픔이 아니라 자신이 쓸모없는 존재라는 사실이다. 구원자는 분명 위대하다. 그들의 능력과 가치를 모두 다른 사람을 위해 헌신하기 때문이다. 그러나 분명한 것은 굳이 그렇게 하지 않아도 충분히 훨씬 더 행복하게 살 수 있다는 것이다. 다른 사람만을 위해 사는 구원자들을 보면 왠지 모르게 씁쓸하다.

슈퍼맨 쫄쫄이를 벗는 그날까지

혹시라도 역할 설정을 바꾸고 싶다면 가장 먼저 당신의 어깨에 짊어진 부담을 내려놓고 다른 사람의 책임까지 떠맡으려는 노력을 멈춰야 한다. 그리고 자신의 심리적 동기를 정확하게 인지하고 자신에게서 만족감을 얻어야 한다. 각자에게 주어진 가장 근본적인 사명은 다른 사람의 자아 성장을 돕는 일이 아니다. 충분한 자기 성장을 이루어 독립된 인격을 갖춘 사람으로 거듭나고 이를 발판 삼아 다른 사람을 돕는 것이다.

다른 사람을 돕는 것은 물론 선하고 좋은 일이지만 다른 사람을 변화시키거나 어떤 특정한 영향을 미치는 일을 삶의 임무라도 되는 듯 여기면 그 과정에서 자신을 잃을 뿐 아니라 다른 사람이 자신의 삶을 스스로 책임질 기회까지 빼앗는 꼴이 된다.

가장 먼저 구원해야 할 대상은 자신임을 기억하자. 다른 사람의 문제는 다른 사람에게 돌려주고 먼저 자신의 성장을 완성해야 한다. 그중에서도 가장 중요한 단계는 자신에게서 만족감을 얻는 것이다. 이러한 만족감은 직장에서 얼마나 많은 성과를 얻었는지와 같은 가시적인 성과가 아니라, 그 이면에 당신의 능력이 향상되고 지경이 넓어진 것을 말한다. 또 연인의 변화와 헌신을 가지고 만족감을 느낄 것이 아니라 관계 속에서 배운 관계의 의미나 갈등을 다루는 기술을 만족감의 원천으로 삼으라는 말이다. 결국 다른 사람을 구원하여 얻은 모든 성과는 개인적인 가치와 동일하지 않다. 자신의 최고의 가치가 바로 '자기 자신'이라는 것을 깨닫는 것이야말로 가장 가치 있는 일이다.

우리는 모두 평범하지만 그것이 우리의 위대함에 방해가 되는 것은 아니다. 진정한 위대함은 자신의 삶을 책임지는 것이기 때문에 굳이 나쁜 사람과의 관계를 통해 힘들게 증명할 필요는 없다. 그러니 이제 그만 슈퍼맨 쫄쫄이를 벗고 제단에서 내려와 다른 사람이 져야 할 책임을 원래 주인에게 돌려주자. 이것이야말로 진짜 위대한 자신이 되는 시작이다.

야생 원숭이 되기

동물원의 원숭이에서 벗어나라

얼마 전 여행을 가려고 비행기를 탔는데, 무척 온화해 보이는 어머니와 활발하고 영리해 보이는 아들의 옆자리에 앉게 됐다. 좌석이 너무 가까워서 본의 아니게 두 사람의 대화를 엿듣게 됐다.

"엄마, 방학 끝나면 또 영어 학원에 다녀야 해요?"

"그럼, 영어 공부를 열심히 해야지. 아래층에 사는 쉬안쉬안萱萱이 얼마나 영어를 잘하는지 보렴."

"근데 엄마, 왜 지금 영어를 배워야 해요? 나중에 학교에 들어가서 배우면 되잖아요."

"안 돼, 유치원 다니는 친구들도 영어 공부는 다 한단다."

"다른 친구가 하니까 저도 해야 하는 거예요?"

어머니는 더 이상 아들의 말에 대꾸하지 않고 눈을 감고 잠을 청했다. 이상하게도 아이의 마지막 말이 내 귓가를 맴돌았다. 그날 너무 피곤했는데도 그 말 때문에 늦게까지 잠을 이루지 못했다. 그렇다. 다른 아이들이 모두 영어 학원을 다닌다고 해서 내 아이도 다녀야 하는 걸까?

'모두 그렇게 한다고 해서 그것이 가장 옳은 길일까?'

나는 공식계정을 쓰기 때문에 글을 쓰는 사람들을 만나게 된다. 서로 잘 알지는 못하지만 그들의 모멘트를 들여다보면 그들이 자주 리트윗하는 내용이 무엇인지 알 수 있다. 대부분 '조회수 100만 넘기는 글쓰기', '독자의 관심을 끄는 제목', '최근 핫한 이야기' 등이다. 그리고 일단 어떤 유형의 글이 인기를 얻으면 그 뒤로 비슷한 글들이 쏟아져 나온다. 대다수의 1인 미디어 종사자들은 다른 사람이 무엇을 쓰고 있는지 관심을 기울이면서도 정작 자신에게는 거의 관심을 두지 않는다. 다른 사람이 쓴 글이 인기를 얻었다고 해서 꼭 비슷한 내용의 글을 올려야 할까? 이슈가 된 내용은 분명 가치 있고 의미도 있겠지만 그렇다고 해서 반드시 그것을 모방해야 할 필요는 없다.

어느 크리스마스이브에 동료가 여자 친구에게 줄 선물을 결정하지 못해 고민하다가 주변 사람들에게 무엇이 좋을지 조언을 구하는 모습을 보았다. 사람들이 많이 하는 선물을 하는 것이 안전할 것이라는 생각에서였다. 다른 사람들도 주는 선물을 받으면 여자 친구가 좋아할까? 온라인 사이트에서 판매량이 가장 높은 상품이라고 해서 그녀도 마음에 들어 할까? 비행기 안에서 쏟아지는 졸음을 참아내며 이런저런 기억을 떠올렸다. 그것들은 다른 일이지만 같은 말을 하는 것 같았다. 많은 사람들이 다른 사람이 쓴 대본대로 자신의 인생을 살아간다는 사실이다.

대중 중독에 빠져 자신을 잃어버린 사람들

우리는 어릴 때부터 은연중에 대중의 한 사람으로, 늘 다른 사람에게 시선을 고정한 채 대중에게 버림받지 않기 위해 발버둥 치는 사람으로 자랐다.

왜 미술을 배우고 음악을 배워야 하는지 모르지만 분명한 건 자신이 좋아서 다니는 것이 아니다. 왜 집에서 멀리 떨어진 기숙학교에 가야 하는지 모르지만 부모님 친구의 자녀가 그 학교에 다니기 때문이다. 왜 대학에서 컴퓨터나 금융을 전공해야 하는지 모르지만 먼 친척 중 누군가가 이 전공을 선택한 덕에 졸업 후 돈을 많이 벌었다는 소식을 들었을 뿐이다. 나중에 우리는 자신이 무엇을 원하는지조차 알지 못하거나, 그것을 생각하는 것이 귀찮아서 다른 사람이 가는 길을 뒤좇으며 살게 된다. 누군가 어떤 길에서 좋은 결과를 얻었다고 하면 더 많은 추종자가 나타나 그 이유를 묻지도 따지지도 않고 순순히 그 뒤를 따라간다.

베이징의 스모그 때문에 주로 검은색과 흰색, 회색 옷을 입은 사람들을 보면서 이 사실을 깨닫게 된 것 같다. 대부분의 사람들과 일치하면 쉽게 눈에 띄거나 이상해 보이지 않고 자신을 숨기기가 훨씬 쉽다. 빨간색 옷을 입고 그들 사이로 걸어간다면 심하게 눈에 띄고 논란의 대상이 될 수도 있는데 그렇게 되면 뒷일을 감당하기 힘들 것이다.

대다수의 사람들과 함께 걸으면 안정감이 조금 더 생기는 것 같다. 정말 하늘이 무너지면 자신보다 큰 사람이 버텨 주겠지만 다른 사람이 거의 다니지 않는 길을 선택했다면 전방에 적이 와도 몇 안 되는 동료들과 맞서 싸우다 패배할까 봐 두렵다.

이것이 바로 사람들의 마음속에 숨겨진 다수의 선택이 옳다는 논리다. 다수의 선택이 진리가 아니더라도 상관없다. 그들이 원하는 것은 진리와 사고가 아니라 '안정감'이다. 하지만 이런 안정감은 자신을 잃어버리게 할 뿐 아니라 삶의 즐거움도 잃게 만든다. 만약 당신이 다른 사람이 쓴 시나리오대로 자신의 인생을 연기한다면 이미 그 희로애락을 경험한 사람이 이렇게 많은데 굳이 당신까지 그 무리에 들어갈 필요가 있을까? 당신이 그렇게 행동하고 말하는 이유에는 수많은 이들의 생각과 판단만 있을 뿐 자신의 생각과 판단은 없다. 당신의 목소리는 이미 다른 사람의 독백에 묻혀버렸다. 이것이 바로 자신을 잃어버린 사람의 전형적인 모습이다.

내가 선택한 길에 후회 따위는 없다

인생의 즐거움은 다양성과 개성을 누리는 데 있지 않은가? 다른 사람의 이익을 해치지 않는 선에서 자신의 필요를 만족시키고 마음이 가는 대로 결정하는 멋진 인생을 누려야 한다. 다른 사람의 선택을 따르는 것이 자신에게 잘 맞는다면 괜찮을 텐데, 어색하게 남의 무대의상을 억지로 입어 봤는데, 어울리지도 않고 불편하기만해서 결국 자신도 기쁘지 않고 오히려 남에게 웃음거리만 되는 경우도 있다. 다른 사람의 레이스가 달린 시폰 스커트가 예쁘다고 해서 평소 눈길조차 주지 않던 그런 스타일을 당신이 굳이 고집할 필요가 있을까? 많은 사람이 안정적인 공무원을 선호한다고 해서 천성이 자유롭고 창의적인 것을 좋아하는 당신이 굳이 공무원 시험에 매달릴 필요가 있을까? 대부분의 아이들이 피아노를 배운다고 해서 피아노에 전혀 흥미를 느끼지 못하는 당신의 자녀까지 배울 필요가 있을까? 우리는 자신의 체형에 맞는 옷을 입어야 한다. 많은 이들이 좋아하는 소위 '핫템'을 입는다고 해서 다 잘 어울리는 것은 아니다.

다른 사람의 인생이 당신의 인생을 망치지 못하도록 해야 한다. 다수가 가는 길을 선택하지 않아서 성공하지 못하더라도 결코 후회하지 않을 것이다. 어디까지나 자신이 원하는 길을 선택했기 때문이다.

나는 작가 왕쉬^{王朔}의 글을 좋아하지만 나만의 스타일을 고수한다. 그를 모방해봤자 제2의 왕쉬밖에 될 수 없다는 것을 알기 때문이다. 별다른 성공을 얻지 못하더라도 언제가 내 이름으로 왕관을 쓰게 될 것이다. 나는 제2의 왕쉬도, 제3의 펑탕^{冯唐}도 아니다. 나는 언제나 나다. 지금까지는 어쩔 수 없이 다수가 선택한 길을 따라왔더라도 적어도 앞으로는 당신의 자녀가 '왜 다른 사람이 한다고 해서 똑같이 해야 해요?'라고 물을 때 침묵하지 말고 대답해주길 바란다. 물론 더 좋은 방법은 애초에 아이가 이런 질문을 하지 않고 아이 스스로 결정할 수 있도록 하는 것이다.

햇살이 따사로운 어느 날, 산책을 하던 중 버려진 강아지 한 마리가 길거리를 돌아다니는 것을 보았다. 얼핏 만지기만 해도 병이 옮을 것처럼 더러워 보였다. 그런데 갑자기 그 강아지가 아이를 데리고 나와서 햇볕을 쬐고 있는 어머니에게 달려갔다. 어린 여자아이가 너무 좋아서 강아지를 손으로 만지려고 했다. 이때 나는 어머니가 아이를 확 끌고 가거나 강아지가 더러우니 만지지 말라고 다그칠 줄 알았다. 그런데 예상을 보기 좋게 빗나갔다. 어머니는 아이를 타이르며 이렇게 말했다.

　"지금 노느라 네 손이 지저분해졌지? 그대로 만지면 강아지가 감기에 걸릴 수도 있으니 다음에 같이 놀자."

　그 순간 내 마음속에도 한줄기 따뜻한 빛이 비추는 것 같았다.

진정한 나로 살아가기

가슴 아파도 찬란하게 살아야 한다

대학에 입학한 후 한동안 심리학에 빠져 있느라 다른 분야의 책을 읽을 기회가 많이 없었다. 가끔 게으름을 피우고 싶을 때는 로맨스 소설을 찾아 몇 권 읽기는 했다. 그때 가장 유행했던 책은 작가 이슈 亦舒의 작품이었다. 내용이 다 기억나지 않지만 그녀가 만들어낸 생동감 넘치는 여성 캐릭터들은 아직까지 생생하게 기억이 난다.

좋은 집안에서 태어나 사랑을 독차지하는 딸과 독립적이고 자존심이 강한 지적인 커리어우먼이 자주 등장했다. 출신 배경이나 인생 경험에 관계없이 그들은 모두 비슷한 기질과 처세 방식을 가지고 있었다. 그녀들은 언제나 독립적이고 품위 있게 처신하고, 지적이고 우아한 분위기를 풍겼으며, 경제적으로도 충분히 여유가 있었다. 삶 전체를 자기만의 속도와 리듬으로 얼마든지 통제할 수 있을 것 같았다.

'이슈의 여자들'이라고 불리는 그들은 무슨 일이든 조금도 힘들이지 않고 수월하게 해냈고 어려움이 닥쳐도 하나씩 묵묵히 해결해나갔다. 그들은 대학 시절부터 나의 롤모델이었지만 안타깝게도 나는 아직 그 근처에도 이르지 못했고 내 주변 사람 중에도 이렇게 사는 사람은 찾기 힘들다. 그뿐만 아니라, 우리에게 마치 '이렇게 살면 안 된다'는 가르침을 주는 것 같다. 어려운 일을 손쉽게 처리하기는커녕 쉬운 일도 어렵게 만들고, 기존의 고민을 업그레이드시켜 새로운 고민을 만들어내기 일쑤다. 결국 우리는 이렇게 '이슈의 여자들'이 아닌 '트러블 메이커'가 되어 간다. 나에게 메일을 보낸 이분도 트러블 메이커가 된 지 오래된 것 같다.

> 사랑하는 선생님께,
> 전 지금 너무 고민이 되는데 누구에게 무슨 말을 어떻게 해야 할지 모르겠습니다. 선생님께 답을 해주시면 좋겠다는 생각에 연락드립니다.
> 저는 올해로 3년째 베이징에서 살고 있는데, 아시겠지만

이곳에서의 생활은 참으로 녹록지 않더군요. 특히 혼자서 살아가기가 너무 힘들어요. 저는 싱글입니다. 제 마음에 드는 사람도 없고 제가 좋다며 따라다니는 사람도 없어요. 가끔은 마주 보고 앉아서 인생의 고충을 나눌 사람이 있으면 얼마나 좋을까 생각합니다.

그리고 지금 다니는 직장도 큰 스트레스예요. 매일 감당하기 힘든 문제를 처리해야 하니 몸이 쉽게 피로해지고 마음도 지치는 것 같아요. 베이징에서 지내는 동안 많은 사람을 만났지만 한편으로는 그들 중 날 이해해줄 사람이 과연 몇이나 될까, 아마 한 명도 없을 거라는 생각이 들 때가 있어요. 나만 빼고 다들 행복하게 사는 것 같기도 하고요. 사방이 막힌 것 같아요. 선생님처럼 대단한 분이 이런 제 마음을 이해할 수 있을지 모르겠어요. 그래도 좀 말씀해주세요. 어떻게 해야 걱정 없이 정신을 똑바로 차리고 인생을 살아갈 수 있을까요?

나는 다음과 같이 회신했다.

상담을 위해서는 질문이 구체적일수록 좋아요. 보내주신 메일처럼 추상적인 질문에는 철학자가 대답하는 것이 더 적합하다는 생각이 듭니다. 일단 어떻게 돈을 벌 수 있는지, 어떻게 하면 매일 행복하게 살 수 있는지와 같은 질문 자체에 당신의 문제가 반영되어 있는 것 같네요. 당신은 존재하지 않는 답을 찾고 있어요. 전 당신에게 진짜 현실이 어떤 곳인지 알려드리고 싶어요. 인생에 '쉬운' 것이란 하나도 없어요. 모든 것이 영원히 지속되기는 어려워요. 심지어 즐거움도 평생 계속되면 사람을 피곤하게 만들 거예요. 이 세상에서 당신 혼자만 고민하는 것 같고 다른 사람은 다 행복한 것 같아 보이지요? 그러나 사람이라면 누구나 고민이 있기 마련이에요. 이것은 가장 공평한 이치예요. 어떤 고민이든 그것은 유쾌하지 않은 경험이지요.

저 또한 당신이 얘기한 것처럼 늘 행복한 사람은 아니에요. 다른 사람과 마찬가지로 매일같이 갑작스럽게 일어나는 크고 작은 변고에 하루에도 몇 번씩 한숨을 내쉬곤 해요. 이마에 난 여드름부터 언제 끝날지 모르는 야근과 밤샘으로 인한 수면 부족, 영감이 떠오르지 않아 글을 쓰지 못하는 경우, 골드미스 대열의 합류, 하루가 행복할 만큼 순조롭게 진행되는 일이 하나도 없는 현실까지 제게는 모두 고민이라고 할 수 있어요.

저에게 비결을 얻을 수 있으리라 기대하셨지만 저 역시 평범한 사람임을 알게 되셨으니 이젠 저를 대단한 사람이라고 생각하지 마세요. 리우위刘瑜는 "사실 인간이든 동물이든 세상을 살다 보면 과일 한 알이 입속에서 터지는 풍미는 똑같고, 상대방의 털을 빗겨주는 일상도 똑같고, 운명이라는 맷돌에 갈리는 수많은 고뇌도 똑같고, 살아도 좋고 죽어도 어쩔 수 없다는 생각도 똑같다."라고 했어요. 그러니 차라리 어떻게 그런 고민과 공존할 수 있을까를 생각하는 게 나을 거예요. 짐작하건데 당신이 필요로 하는 것은 심리적인 측면에서 어떻게 자신의 삶을 조절할 수 있는가에 관한 조언인 것 같아요. 복용 후 10분 이내에 바로 효과를 볼 수 있는 그런 만병통치약을 원하는 거라면 제 답변에 실망할지도 몰라요.

왜냐하면 가장 간단하고도 직접적이며 효과적인 방법은 바로 '행동'이기 때문입니다. 딱히 놀라운 방법은 아니죠? 어쩌면 당신은 이렇게 물을 수도 있겠네요.

'내가 원하는 것은 감정을 조절하고 생각을 바꾸는 방법인데, 이게 행동이랑 무슨 관계가 있지?'

그러나 철학자가 아닌 이상 비슷한 사변을 비교하는 것만으로는 결코 거듭날 수 없어요. 보이지도 않고 만질 수도 없는 '감정'이란 분야는 변화시키기 가장 힘든 영역이니까요. 하지만 다행히도 우리 몸과 마음 사이에는 서로 연결되어 움직이는 메커니즘이 있는데, 바로 '행동-인지-감정'이에요. 그중 하나만 바꿔도 다른 두 가지에 영향을 줄 수 있어요. 우리는 적어도 우리의 행동을 바꿀 수 있고, 행동할 수 있기 때문에 이러한 변화를 통해 감정을 통제할 수 있을지도 몰라요.

그러니 행동하라

나 또한 무수한 시도 끝에 침체된 감정과 고뇌에서 가장 빨리 벗어나기 위한 최선의 방법이 '행동'이라는 것을 알게 됐다.

그렇다면 도대체 무엇을 해야 할까? 물론 열심히 일하고 전문 지식과 기술을 향상시키는 등 옳고 긍정적인 일을 하는 것이 가장 이상적이지만 이런 일들은 엄청난 의지와 노력이 필요하고 단기간에 아무런 결과를 얻을 수 없기 때문에 우울하거나 침체기를 지나고 있을 때는 더욱 어렵다. 그럼 어떻게 해야 할까?

마음을 달래주는 좋은 글을 몇 개 읽는 것보다 즉각석으로 만족감을 얻을 수 있는 방법은 많다. 어쩌면 대부분 쇼핑이나 폭식을 떠올릴 텐데, 그로 얻은 만족감은 지속하기 어려울 뿐만 아니라 오히려 재앙으로 이어질 수 있다. 고액의 카드 대금 청구서, 불어나는 체중 등 우리에게 새로운 고민거리를 줄 것이다. 이런 방식은 효과적으로 보이지만 실제로는 위기를 숨기고 있다.

우리에게는 지금 걱정에 시달린 감정을 풀어주면서 비용을 낭비하지 않는 효율적인 방법이 필요하다. 지금부터 실용적이고 가성비 높은 방법 몇 가지를 알려 줄 테니, 시간이 날 때마다 시도해 보기 바란다. 이 방법은 우리에게 즉각적인 만족감을 안겨줄 뿐 아니라 계속해서 긍정적인 영향을 끼칠 것이다.

1. 외모 관리

이 방법은 여러 번의 검증으로 감정 조절에 탁월한 효과가 있음이 입증되었다. 아로마 스파를 하면 부드럽고 따뜻하게 보호받는 느낌이 든다. 밖은 바람이 불고 비가 내려도 아로마 스파를 하는 동안만큼은 편안하게 피로 회복에만 집중해 보자. 아로마 오일은 스트레스를 완화시켜준다. 몸과 마음은 서로 연결되어 있기 때문에 몸이 편안해지면 마음도 편안해질 것이다. 미용 마스크 팩도 시도해 보자. 외출할 때 적당히 화장하고 예쁜 옷을 입어 보자. 거울에 비친 활력 넘치는 내 모습을 보는 것도 고민과 맞서 싸울 수 있는 동력이 된다.

2. 운동

운동은 우리를 행복하게 만드는 도파민과 엔돌핀을 생성한다. 도파민은 뇌에서 분비되는 신경전달물질로, 주로 흥분과 즐거움에 대한 정보를 전달하는 내분비 물질이다. 엔돌핀은 뇌하수체에서 분비되는 모르핀과 유사한 생화학적 복합 호르몬으로 천연 진통제와 동일하며 '쾌감 호르몬' 또는 '젊음 호르몬'이라고도 한다. 이 호르몬은 사람들이 즐거움과 젊음을 유지하는 데 도움을 준다. 달리기든 요가든 지금 당장 시작해 보자.

3. 독서

책을 읽는다면 유명인의 전기를 추천한다. 생각지도 못한 감동을 얻을 수 있다. 조조曹操, 청나라 말기의 학자 증국번曾國藩, 마가렛 대처Margaret Thatcher, 유명 건축가이자 작가인 린휘인林徽因 등 유명인의 전기를 읽다 보면 자기 자신을 읽게 된다. 거대한 세상 안에 고민을 내려놓으면 그 고민은 점차 작아지다가 나중에는 거의 보이지 않을 정도로 희미해져서 사라지고 말 것이다.

4. 영화 보기

다른 사람의 이야기를 보고 자신의 인생을 정리해 보자. 울고 웃는 과정을 통해 마음을 풀어놓을 수도 있고 새로운 깨달음과 영감을 얻을 수 있다. 나는 영화를 보며 살면서 느끼지 못했던 감동과 열정, 의지와 용기를 얻었고, 반대로 그것들을 내 삶에 적용해 보기도 했다.

5. 맛있는 음식 먹기

음식 맛을 제대로 감상하기 위해서는 반드시 적당량을 먹어야 한다. 너무 많이 먹으면 포만감만 느낄 뿐이고, 너무 적게 먹으면 그다지 기분이 좋아지지는 않는다. 적당히 배가 부를 때가 가장 좋다. 아기가 처음 태어나면 어머니의 젖을 통해 세상과 연결되는 것처럼 우리도 음식을 통해 안정을 찾고 감정을 표현할 수 있다. 아주 소박한 치유 방법이다. 어느 영화의 '라면 먹고 갈래요?'라는 대사를 기억하는가? 사실 이 질문에는 가장 실용적이고 효과적인 철학적 사고가 담겨 있다.

6. 지금까지 해 보고 싶었지만 아직 해 보지 못한 일 하기

걱정이든 고민이든 모두 인생의 장애물이지만 가끔은 문제 해결에 결정적인 열쇠가 되기도 한다. 늘 해 보고 싶었지만 이런저런 이유로 미뤘던 일이 있는가? 지금 그 일을 미룬다면 언제 다시 할 수 있을지 모른다. 차라리 지금 하고 싶은 일을 하는 것이 낫다.

영화 〈사이드웨이스Sideways〉에 나오는 주인공 마일스는 평소 와인을 즐겨 마시는데, 최고급 레드와인 한 병은 오랫동안 마시지 않고 보관해 두고 있었다. 특별한 날을 위해서 남겨둔 것이다. 그날은 사랑하는 여인과 함께하는 날일 수도 있고, 그의 소설이 출간된 날일 수도 있다. 하지만 그날은 도무지 다가오지 않았다. 그의 고뇌가 극도로 커지던 어느 날 그는 문득 어쩌면 그날이 이번 생에는 오지 않을지도 모른다는 생각이 들었다. 결국 마일스는 와인을 들고 패스트푸드점에 가서 햄버거를 먹으며 다 마셔버린다.

이날은 영화 전체에 걸쳐 가장 침울한 날이었다. 애초에 이 값비싼 와인은 마일스를 축하하기 위해 만들어진 것이 아니다. 그저 마일스가 그 와인에 특별한 의미를 부여한 것처럼 모든 일은 당신이 부여한 의미일 뿐이다. 이처럼 무엇이든 행동하기 시작하면 매일이 특별해질 수 있다. 최악의 상황에서 뭔가 특별한 일을 하기 위해 잔을 들고 삶을 이어나가면 된다. 가장 힘든 날에는 오히려 패기 있게 그간 도전하고 싶었지만 할 수 없었던 일을 해 보자. 그 일을 마치고 나면 새로운 깨달음과 전환의 기회가 기다리고 있을지도 모른다. 아무것도 걱정할 필요도 없고 특별한 준비를 할 필요도 없다. 그냥 지금 이 순간을 즐겨라.

지금의 자신을 안아주자

이렇게 많은 이야기를 했음에도 불구하고 여전히 이런저런 고민 때문에 마음이 심란하고, 자신을 변화시키는 일이 아직도 멀게만 느껴진다면 당신에게 필요한 것은 고민을 줄이는 방법이 아니라 동화 속 공주님처럼 평생 굴곡 없는 삶을 사는 것뿐이다. 그러나 인생이 항상 불꽃처럼 화려할 수는 없다. 아무리 높이 솟아오르는 불꽃이라도 하늘을 올라가 결국에는 땅에 떨어지고 만다. 행복하고 자기 뜻대로 될 때만 자신의 삶을 즐긴다면 그것만큼 인생을 낭비하는 것이 없다. 이 세상에는 기쁨과 즐거움만으로 점철된 인생은 없기 때문이다.

'이슈의 여자들'이 손에 쥐고 있던 것은 당신과 똑같은 인생으로 들어가는 입장권이다. 그녀들이 이렇게 편안하고 멋진 삶을 살 수 있었던 이유는 슬프고 힘든 시기를 지날 때도 최선을 다해 노력하며 성장의 발판을 조금씩 마련했기 때문이다. 또 그러면서 더 빠르게 성장하고 진화해 행복과 설렘, 아름다움이 있는 새로운 세계를 향해 나아갈 수 있었다. 울상을 하고 망설이며 무대에 오르기를 주저하면 결코 원하는 목적지에 다다를 수 없다.

마지막으로 내가 좋아하는 영화 대사로 마무리하려고 한다.

"우리가 진화하려면 구체적인 방법을 강구하고 시도해 봐야 해. 네가 다시 태어나기를 기대하고 있을게."

마찬가지로 우리 역시 그런 사람이 되기를 바라며, 삶의 모든 순간이 고되고 힘들어도 살아서 눈부시게 빛나길 바란다.

**자신을 알아가고 사랑하기 위한
52가지 심리 여행**

나는 아직 내가 낯설다

펴낸날 2024년 1월 1일 1판 1쇄

지은이 다장권귀
옮긴이 박영란
펴낸이 김영선
편집주간 이교숙
책임교정 정아영
교정·교열 나지원, 이라야, 남은영
경영지원 최은정
디자인 정윤경
마케팅 조명구

발행처 (주)다빈치하우스-미디어숲
출판브랜드 파인북
주소 경기도 고양시 덕양구 청초로 66 덕은리버워크지산 B동 2007호~2009호
전화 (02) 323-7234
팩스 (02) 323-0253
홈페이지 www.mfbook.co.kr
출판등록번호 제 2-2767호

값 17,800원
ISBN 979-11-5874-210-2 (03180)

㈜다빈치하우스와 함께 새로운 문화를 선도할 참신한 원고를 기다립니다.
이메일 dhhard@naver.com (원고 및 기획서 투고)